रेणुका

रेणुका

रामधारी सिंह 'दिनकर'

उदयाचल प्रकाशन, पटना की
ओर से

लोकभारती प्रकाशन

लोकभारती प्रकाशन
पहली मंजिल, दरबारी बिल्डिंग, महात्मा गांधी मार्ग
प्रयागराज-211 001

वेबसाइट : www.lokbhartiprakashan.com
ईमेल : info@lokbhartiprakashan.com

शाखाएँ : 1-बी, नेताजी सुभाष मार्ग, दरियागंज
नई दिल्ली-110 002
अशोक राजपथ, साइंस कॉलेज के सामने
पटना-800 006
1, अनमोल सोराबजी संतुक लेन, धोबी तलाव,
मरीन लाइंस, मुम्बई-400 002

पहला संस्करण : 1935
पुनर्नवा संस्करण : 2022
तीसरा संस्करण : 2024

मुद्रक : विकास कंप्यूटर एंड प्रिंटर्स
ट्रॉनिका सिटी-201 102

RENUKA
Poems by Ramdhari Singh 'Dinkar'

ISBN : 978-81-8031-354-7

मूल्य : ₹495

अनुक्रम

रेणुका

मंगल आह्वान

भावों के आवेग प्रबल
मचा रहे उर में हलचल।

कहते, उर के बाँध तोड़
स्वर-स्त्रोतों में बह-बह अनजान,
तृण, तरु, लता, अनिल, जल-थल को
छा लेंगे हम बनकर गान।

पर, हूँ विवश, गान से कैसे
जग को हाय! जगाऊँ मैं,
इस तमिस्त्र युग-बीच ज्योति की
कौन रागिनी गाऊँ मैं?

बाट जोहता हूँ लाचार
आओ स्वरसम्राट्! उदार।

पल भर को मेरे प्राणों में
ओ विराट् गायक! आओ,

इस वंशी पर रसमय स्वर में
युग-युग के गायन गाओ।

वे गायन, जिनको न आज तक
गाकर सिरा सका जल-थल,
जिनकी तान-तान पर आकुल
सिहर-सिहर उठता उडु-दल।

आज सरित का कल-कल, छल-छल,
निर्झर का अविरल झर-झर,
पावस की बूँदों की रिम-झिम
पीले पत्तों का मर्मर,

जलधि-साँस, पक्षी के कलरव,
अनिल-सनन, अलि का गुन-गुन,
मेरी वंशी के छिद्रों में
भर दो ये मधु-स्वर चुन-चुन।

दो आदेश, फूँक दूँ शृंगी,
उठें प्रभाती-राग महान,
तीनों काल ध्वनित हों स्वर में,
जागें सुप्त भुवन के प्राण।

गत विभूति, भावी की आशा
ले युगधर्म पुकार उठे,
सिंहों की घन-अन्ध गुहा में
जागृति की हुंकार उठे।

जिनका लुटा सुहाग, हृदय में
उनके दारुण हूक उठे,
चीखूँ यों कि याद कर ऋतुपति
की कोयल रो कूक उठे।

प्रियदर्शन इतिहास कंठ में
आज ध्वनित हो काव्य बने,
वर्तमान की चित्रपटी पर
भूतकाल सम्भाव्य बने।

जहाँ-जहाँ घन-तिमिर हृदय में
भर दो वहाँ विभा प्यारी,
दुर्बल प्राणों की नस-नस में
देव! फूँक दो चिनगारी।

ऐसा दो वरदान, कला को
कुछ भी रहे अजेय नहीं,
रजकण से ले पारिजात तक
कोई रूप अगेय नहीं।

प्रथम खिली जो मधुर ज्योति
कविता बन तमसा-कूलों में,
जो हँसती आ रही युगों से
नभ-दीपों, वनफूलों में;

सूर-सूर तुलसी-शशि जिसकी
विभा यहाँ फैलाते हैं,

जिसके बुझे कणों को पा कवि
अब खद्योत कहाते हैं;

उसकी विभा प्रदीप्त करे
मेरे उर का कोना-कोना,
छू दे यदि लेखनी, धूल भी
चमक उठे बनकर सोना।

26 दिसम्बर,
1933 ई.

—**दिनकर**

व्योम-कुंजों की परी, अयि कल्पने!

व्योम-कुंजों की परी, अयि कल्पने!

व्योम-कुंजों की परी, अयि कल्पने!
भूमि को निज स्वर्ग पर ललचा नहीं,
पा न सकती मृत्ति उड़कर स्वप्न को,
शक्ति हो तो आ, बसा अलका यहीं।

फूल से सज्जित तुम्हारे अंग हैं
और हीरक-ओस का श्रृंगार है,
धूल में तरुणी-तरुण हम रो रहे,
वेदना का शीश पर गुरु भार है।

अरुण की आभा तुम्हारे देश में,
है सुना, उसकी अमिट मुसकान है;
टकटकी मेरी क्षितिज पर है लगी,
निशि गई, हँसता न स्वर्ण-विहान है।

व्योम-कुंजों की परी, अयि कल्पने!
रूप धर विचरो जरा वनफूल में।
रेणुके! हँसने लगे जुगनू, चलो,
आज कूकें खँडहरों की धूल में।

तांडव

नाचो, हे नाचो, नटवर!
चन्द्रचूड़! त्रिनयन! गंगाधर! आदि-प्रलय! अवढर! शंकर!
नाचो, हे नाचो, नटवर!

आदि लास, अविगत, अनादि स्वन,
अमर नृत्य-गति, ताल चिरन्तन,
अंगभंगि, हुंकृति-झंकृति कर, थिरक-थिरक हे विश्वम्भर!
नाचो, हे नाचो, नटवर!

सुन श्रृंगी-निर्घोष पुरातन,
उठे सृष्टि-हृत् में नव-स्पन्दन,
विस्फारित लख काल-नेत्र फिर
काँपे त्रस्त अतनु मन-ही-मन।
स्वर-खरभर संसार, ध्वनित हो नगपति का कैलास-शिखर।
नाचो, हे नाचो, नटवर!

नचे तीव्र गति भूमि कील पर,
अट्टहास कर उठें धराधर,

उपटे अनल, फटे ज्वालामुख
गरजे उथल-पुथल कर सागर।
गिरे दुर्ग जड़ता का, ऐसा प्रलय बुला दो प्रलयंकर!
नाचो, हे नाचो, नटवर!

घहरें प्रलय-पयोद गगन में,
अन्ध-धूम हो व्याप्त भुवन में,
बरसे आग, बहे झंझानिल,
मचे त्राहि जग के आँगन में,
फटे अतल पाताल, धँसे जग, उछल-उछल कूदें भूधर।
नाचो, हे नाचो, नटवर!

प्रभु! तव पावन नील गगन-तल,
विदलित अमित निरीह-निबल-दल,
मिटे राष्ट्र, उजड़े दरिद्र-जन,
आह! सभ्यता आज कर रही
असहायों का शोणित-शोषण।
पूछो, साक्ष्य भरेंगे निश्चय, नभ के ग्रह-नक्षत्र-निकर!
नाचो, हे नाचो, नटवर!

नाचो, अग्निखंड भर स्वर में,
फूँक-फूँक ज्वाला अम्बर में,
अनिल-कोष, द्रुम-दल, जल-थल में,
अभय विश्व के उर-अन्तर में,

गिरे विभव का दर्प चूर्ण हो,
लगे आग इस आडम्बर में,

वैभव के उच्चाभिमान में,
अहंकार के उच्च शिखर में,
स्वामिन्, अन्धड़-आग बुला दो,
जले पाप जग का क्षण-भर में।

डिम-डिम डमरु बजा निज कर में,
नाचो, नयन तृतीय तरेरे!
ओर-छोर तक सृष्टि भस्म हो,
अर्चि-पुंज अम्बर को घेरे!
रच दो फिर से इसे विधाता, तुम शिव, सत्य और सुन्दर!
नाचो, हे नाचो, नटवर!

[1933 ई.]

हिमालय

मेरे नगपति! मेरे विशाल!

साकार, दिव्य, गौरव विराट्,
पौरुष के पुंजीभूत ज्वाल!
मेरी जननी के हिम-किरीट!
मेरे भारत के दिव्य भाल!
मेरे नगपति! मेरे विशाल!

युग-युग अजेय, निर्बन्ध, मुक्त,
युग-युग गर्वोन्नत, नित महान्,
निस्सीम व्योम में तान रहा
युग से किस महिमा का वितान?
कैसी अखंड यह चिर-समाधि?
यतिवर! कैसा यह अमर ध्यान?

तू महाशून्य में खोज रहा
किस जटिल समस्या का निदान?
उलझन का कैसा विषम जाल?
मेरे नगपति! मेरे विशाल!

ओ, मौन, तपस्या-लीन यती!
पल भर को तो कर दृगुन्मेष!
रे ज्वालाओं से दग्ध, विकल
है तड़प रहा पद पर स्वदेश।

सुखसिन्धु, पंचनद, ब्रह्मपुत्र,
गंगा, यमुना की अमिय-धार
जिस पुण्यभूमि की ओर बही
तेरी विगलित करुणा उदार,

जिसके द्वारों पर खड़ा क्रान्त
सीमापति! तूने की पुकार,
'पद-दलित इसे करना पीछे
पहले ले मेरा सिर उतार।'

उस पुण्यभूमि पर आज तपी!
रे, आन पड़ा संकट कराल,
व्याकुल तेरे सूत तड़प रहे
डँस रहे चतुर्दिक् विविध व्याल।
मेरे नगपति! मेरे विशाल!

कितनी मणियाँ लुट गईं? मिटा
कितना मेरा वैभव अशेष!
तू ध्यान-मग्न ही रहा; इधर
वीरान हुआ प्यारा स्वदेश।

किन द्रौपदियों के बाल खुले?
किन-किन कलियों का अन्त हुआ?
कह हृदय खोल चित्तौर! यहाँ
कितने दिन ज्वाल-वसन्त हुआ?

पूछे सिकता-कण से हिमपति!
तेरा वह राजस्थान कहाँ?
वन-वन, स्वतन्त्रता-दीप लिये
फिरनेवाला बलवान कहाँ?

तू पूछ, अवध से, राम कहाँ?
वृन्दा! बोलो, घनश्याम कहाँ?
ओ मगध! कहाँ मेरे अशोक?
वह चन्द्रगुप्त बलधाम कहाँ?

पैरों पर ही है पड़ी हुई
मिथिला भिखारिणी सुकुमारी,
तू पूछ, कहाँ इसने खोयीं
अपनी अनन्त निधियाँ सारी?

री कपिलवस्तु! कह, बुद्धदेव
के वे मंगल-उपदेश कहाँ?
तिब्बत, ईरान, जापान, चीन
तक गये हुए सन्देश कहाँ?

वैशाली के भग्नावशेष से
पूछ लिच्छवी-शान कहाँ?
ओ री उदास गंडकी! बता
विद्यापति कवि के गान कहाँ?

तू तरुण देश से पूछ अरे,
गूँजा कैसा यह ध्वंस-राग?
अम्बुधि-अन्तस्तल-बीच छिपी
यह सुलग रही है कौन आग?

प्राची के प्रांगण-बीच देख,
जल रहा स्वर्ण-युग-अग्निज्वाल,
तू सिंहनाद कर जाग तपी!
मेरे नगपति! मेरे विशाल!

रे, रोक युधिष्ठिर को न यहाँ,
जाने दे उनको स्वर्ग धीर,
पर, फिरा हमें गांडीव-गदा,
लौटा दे अर्जुन-भीम वीर।

कह दे शंकर से, आज करें
वे प्रलय-नृत्य फिर एक बार।
सारे भारत में गूँज उठे,
'हर-हर-बम' का फिर महोच्चार।

ले अँगड़ाई, उठ, हिले धरा,
कर निज विराट् स्वर में निनाद,
तू शैलराट्! हुंकार भरे,
फट जाय कुहा, भागे प्रमाद।

तू मौन त्याग, कर सिंहनाद,
रे तपी! आज तप का न काल।
नव-युग-शंखध्वनि जगा रही,
तू जाग, जाग, मेरे विशाल!

[1933 ई.]

प्रेम का सौदा

सत्य का जिसके हृदय में प्यार हो,
एक पथ, बलि के लिए तैयार हो।

फूँक दे सोचे बिना संसार को,
तोड़ दे मँझधार जा पतवार को।

कुछ नयी पैदा रगों में जाँ करे,
कुछ अजब पैदा नया तूफाँ करे।

हाँ, नयी दुनिया गढ़े अपने लिए,
रैन-दिन जागे मधुर सपने लिए।

बे-सरो-सामाँ रहे, कुछ गम नहीं,
कुछ नहीं जिसको, उसे कुछ कम नहीं।

प्रेम का सौदा बड़ा अनमोल रे!
निःस्व हो, यह मोह-बन्धन खोल रे!

मिल गया तो प्राण में रस घोल रे!
पी चुका तो मूक हो, मत बोल रे!

प्रेम का भी क्या मनोरम देश है!
जी उठा, जिसकी जलन निःशेष है।

जल गये जो-जो लिपट अंगार से,
चाँद बन वे ही उगे फिर क्षार से।

प्रेम की दुनिया बड़ी ऊँची बसी,
चढ़ सका आकाश पर विरला यशी।

हाँ, शिरीष के तन्तु का सोपान है,
भार का पन्थी! तुम्हें कुछ ज्ञान है?

है तुम्हें पाथेय का कुछ ध्यान भी?
साथ जलने का लिया सामान भी?

बिन मिटे, जल-जल बिना हलका बने,
एक पद रखना कठिन है सामने।

प्रेम का उन्माद जिन-जिनको चढ़ा,
मिट गये उतना, नशा जितना बढ़ा।

मर-मिटो, यह प्रेम का शृंगार है।
बेखुदी इस देश में त्योहार है।

खोजते-ही-खोजते जो खो गया,
चाह थी जिसकी, वही खुद हो गया।

जानती अन्तर्जलन क्या कर नहीं?
दाह से आराध्य भी सुन्दर नहीं।

'प्रेम की जय' बोल पग-पग पर मिटो,
भय नहीं, आराध्य के मग पर मिटो।

हाँ, मजा तब है कि हिम रह-रह गले,
वेदना हर गाँठ पर धीरे जले।

एक दिन धधको नहीं, तिल-तिल जलो,
नित्य कुछ मिटते हुए बढ़ते चलो।

पूर्णता पर आ चुका जब नाश हो,
जान लो, आराध्य के तुम पास हो।

आग से मालिन्य जब धुल जायगा,
एक दिन परदा स्वयं खुल जायगा।

आह! अब भी तो न जग को ज्ञान है,
प्रेम को समझे हुए आसान है।

फूल जो खिलता प्रलय की गोद में,
ढूँढ़ते फिरते उसे हम मोद में।

बिन बिंधे कलियाँ हुईं हिय-हार क्या?
कर सका कोई सुखी हो प्यार क्या?

प्रेम-रस पीकर जिया जाता नहीं।
प्यार भी जीकर किया जाता कहीं?

मिल सके निज को मिटा जो राख में,
वीर ऐसा एक कोई लाख में।

भेंट में जीवन नहीं तो क्या दिया?
प्यार दिल से ही किया तो क्या किया?

चाहिए उर-साथ जीवन-दान भी,
प्रेम की टीका सरल बलिदान ही।

[1935 ई.]

कविता की पुकार

आज न उडु के नील कुंज में स्वप्न खोजने जाऊँगी,
आज चमेली में न चन्द्र-किरणों से चित्र बनाऊँगी।
अधरों में मुसकान, न लाली बन कपोल में छाऊँगी,
कवि! किस्मत पर भी न तुम्हारी आँसू आज बहाऊँगी।
　　नालन्दा-वैशाली में तुम रुला चुके सौ बार,
　　धूसर भुवन-स्वर्ग—ग्रामों—में कर पायी न विहार।
　　आज यह राजवाटिका छोड़, चलो कवि! वनफूलों की ओर।

चलो, जहाँ निर्जन कानन में वन्य कुसुम मुसकाते हैं,
मलयानिल भूलता, भूलकर जिधर नहीं अलि जाते हैं।
　　कितने दीप बुझे झाड़ी-झुरमुट में ज्योति पसार?
　　चले शून्य में सुरभि छोड़कर कितने कुसुम-कुमार?
　　कब्र पर मैं कवि! रोऊँगी, जुगनू-आरती सँजोऊँगी।

विद्युत् छोड़ दीप साजूँगी, महल छोड़ तृण-कुटी-प्रवेश,
तुम गाँवों के बनो भिखारी, मैं भिखारिणी का लूँ वेश।

स्वर्णांचला अहा! खेतों में उतरी सन्ध्या श्याम परी,
रोमन्थन करती गायें आ रहीं रौंदती घास हरी।

घर-घर से उठ रहा धुआँ, जलते चूल्हे बारी-बारी,
चौपालों में कृषक बैठ गाते 'कहँ अटके बनवारी?'

पनघट से आ रही पीतवसना युवती सुकुमार,
किसी भाँति ढोती गागर-यौवन का दुर्वह भार।
बनूँगी मैं कवि! इसकी माँग, कलश, काजल, सिन्दूर, सुहाग।

वन-तुलसी की गन्ध लिये हलकी पुरवैया आती है,
मन्दिर की घंटा-ध्वनि युग-युग का सन्देश सुनाती है।
टिमटिम दीपक के प्रकाश में पढ़ते निज पोथी शिशुगण,
परदेशी की प्रिया बैठ गाती यह विरह-गीत उन्मन,

'भैया! लिख दे एक कलम खत मों बालम के जोग,
चारों कोने खेम-कुसल माँझे ठाँ मोर बियोग।'
दूतिका मैं बन जाऊँगी, सखी! सुधि उन्हें सुनाऊँगी।

पहन शुक्र का कर्णफूल है दिशा अभी भी मतवाली,
रहते रात रमणियाँ आयीं ले-ले फूलों की डाली।
स्वर्ग-स्त्रोत, करुणा की धारा, भारत-माँ का पुण्य तरल,
भक्ति-अश्रुधारा-सी निर्मल गंगा बहती है अविरल।

लहर-लहर पर लहराते हैं मधुर प्रभाती-गान,
भुवन स्वर्ग बन रहा, उड़े जाते ऊपर को प्राण,
पुजारिन की बन कंठ-हिलोर, भिगो दूँगी अग-जग के छोर।

कवि! असाढ़ की इस रिमझिम में धनखेतों में जाने दो,
कृषक-सुन्दरी के स्वर में अटपटे गीत कुछ गाने दो।
दुखियों के केवल उत्सव में इस दम पर्व मनाने दो,
रोऊँगी खलिहानों में, खेतों में तो हर्षाने दो।

मैं बच्चों के संग जरा खेलूँगी दूब-बिछौने पर,
मचलूँगी मैं जरा इन्द्रधनु के रंगीन खिलौने पर।
तितली के पीछे दौड़ूँगी, नाचूँगी दे-दे ताली,
मैं मकई की सुरभि बनूँगी, पके आम-फल की लाली।

वेणु-कुंज में जुगनू बन मैं इधर-उधर मुसकाऊँगी,
हरसिंगार की कलियाँ बनकर वधुओं पर झड़ जाऊँगी।

सूखी रोटी खायेगा जब कृषक खेत में धरकर हल,
तब दूँगी मैं तृप्ति उसे बनकर लोटे का गंगाजल।
उसके तन का दिव्य स्वेदकण बनकर गिरती जाऊँगी।
और खेत में उन्हीं कणों-से मैं मोती उपजाऊँगी।

शस्य-श्यामता निरख करेगा कृषक अधिक जब अभिलाषा,
तब मैं उसके हृदय-स्रोत में उमड़ूँगी बनकर आशा।
अर्द्धनग्न दम्पती के गृह में मैं झोंका बन आऊँगी,
लज्जित हों न अतिथि-सम्मुख वे, दीपक तुरत बुझाऊँगी।

ऋण-शोधन के लिए दूध-घी बेच-बेच धन जोड़ेंगे,
बूँद-बूँद बेचेंगे, अपने लिए नहीं कुछ छोड़ेंगे।
शिशु मचलेंगे दूध देख, जननी उनको बहलायेगी,
मैं फाड़ूँगा हृदय, लाज से आँख नहीं रो पायेगी।
इतने पर भी धन-पतियों की उनपर होगी मार,
तब मैं बरसूँगी बन बेबस के आँसू सुकुमार।
फटेगा भू का हृदय कठोर, चलो कवि! वनफूलों की ओर।

[1933 ई.]

बोधिसत्व

सिमट विश्व-वेदना निखिल बज उठी करुण अन्तर में,
देव! हुंकरित हुआ कठिन युगधर्म तुम्हारे स्वर में।
काँटों पर कलियों, गैरिक पर किया मुकुट का त्याग,
किस सुलग्न में जगा प्रभो! यौवन का तीव्र विराग?
चले ममता का बन्धन तोड़
विश्व की महामुक्ति की ओर।

तप की आग, त्याग की ज्वाला में प्रबोध सन्धान किया,
विष पी स्वयं, अमृत जीवन का तृषित विश्व को दान किया।
वैशाली की धूल चरण चूमने ललक ललचाती है,
स्मृति-पूजन में तप-कानन की लता पुष्प बरसाती है।

वट के नीचे खड़ी खोजती लिये सुजाता खीर तुम्हें,
बोधिवृक्ष-तल बुला रहे कलरव में कोकिल-कीर तुम्हें।
शस्त्र-भार से विकल खोजती रह-रह धरा अधीर तुम्हें,
प्रभो! पुकार रही व्याकुल मानवता की जंजीर तुम्हें।

आह! सभ्यता के प्रांगण में आज गरल-वर्षण कैसा!
घृणा सिखा निर्वाण दिलानेवाला यह दर्शन कैसा!
स्मृतियों का अन्धेर! शास्त्र का दम्भ! तर्क का छल कैसा!
दीन-दुखी असहाय जनों पर अत्याचार प्रबल कैसा!

आज दीनता को प्रभु की पूजा का भी अधिकार नहीं,
देव! बना था क्या दुखियों के लिए निठुर संसार नहीं?
धन-पिशाच की विजय, धर्म की पावन ज्योति अदृश्य हुई,
दौड़ो बोधिसत्व! भारत में मानवता अस्पृश्य हुई।

धूप-दीप, आरती, कुसुम ले भक्त प्रेम-वश आते हैं,
मन्दिर का पट बन्द देख 'जय' कह निराश फिर जाते हैं।
शबरी के जूठे बेरों से आज राम को प्रेम नहीं,
मेवा छोड़ शाक खाने का याद नाथ को नेम नहीं।

पर, गुलाब-जल में गरीब के अश्रु राम क्या पायेंगे?
बिना नहाये इस जल में क्या नारायण कहलायेंगे?
मनुज-मेघ के पोषक दानव आज निपट निर्द्वन्द्व हुए;
कैसे बचें दीन? प्रभु भी धनियों के गृह में बन्द हुए।

अनाचार की तीव्र आँच में अपमानित अकुलाते हैं,
जागो बोधिसत्व! भारत के हरिजन तुम्हें बुलाते हैं।
जागो विप्लव के वाक्! दम्भियों के इन अत्याचारों से,
जागो, हे जागो, तप-निधान! दलितों के हाहाकारों से।

जागो, गांधी पर किये गये नरपशु-पतियों के वारों से,*
जागो, मैत्री-निर्घोष! आज व्यापक युगधर्म-पुकारों से।
जागो, गौतम! जागो, महान्!
जागो, अतीत के क्रान्ति-गान!
जागो, जगती के धर्म-तत्त्व!
जागो, हे! जागो, बोधिसत्व!

[1934 ई.]

* देवघर (बिहार) में महात्मा गांधी पर किये गए प्रहार का उल्लेख।

मिथिला

मैं पतझड़ की कोयल उदास,
बिखरे वैभव की रानी हूँ;
मैं हरी-भरी हिम-शैल-तटी
की विस्मृत स्वप्न-कहानी हूँ।

अपनी माँ की मैं वाम भृकुटि,
गरिमा की हूँ धूमिल छाया,
मैं विकल सांध्य रागिनी करुण,
मैं मुरझी सुषमा की माया।

मैं क्षीण-प्रभा, मैं हत-आभा,
सम्प्रति, भिखारिणी मतवाली,
खँडहर में खोज रही अपने
उजड़े सुहाग की हूँ लाली।

मैं जनक-कपिल की पुण्य-जननि,
मेरे पुत्रों का महा ज्ञान।
मेरी सीता ने दिया विश्व
की रमणी को आदर्श-दान।

मैं वैशाली के आसपास
बैठी नित खँडहर में अजान,
सुनती हूँ साश्रु-नयन अपने
लिच्छवि-वीरों के कीर्ति-गान।

नीरव निशि में गंडकी विमल
कर देती मेरे विकल प्राण,
मैं खड़ी तीर पर सुनती हूँ
विद्यापति कवि के मधुर गान।

नीलम-घन गरज-गरज बरसें
रिमझिम रिमझिम रिमझिम अथोर,
लहरें गाती हैं मधु-विहाग,
'हे, हे सखि! हमर दुखक न ओर।'

चाँदनी-बीच धन-खेतों में
हरियाली बन लहराती हूँ,
आती कुछ सुधि, पगली दौड़ी
मैं कपिलवस्तु को जाती हूँ।

बिखरी लट, आँसू छलक रहे,
मैं फिरती हूँ मारी-मारी।
कण-कण में खोज रही अपनी
खोयी अनन्त निधियाँ सारी।

मैं उजड़े उपवन की मालिन,
उठती मेरे हिय विषम हूक,

कोकिला नहीं, इस कुंज-बीच
रह-रह अतीत-सुधि रही कूक।

मैं पतझड़ की कोयल उदास,
बिखरे वैभव की रानी हूँ,
मैं हरी-भरी हिमशैल-तटी
की विस्मृत स्वप्न-कहानी हूँ।

[1934 ई.]

पाटलिपुत्र की गंगा से

सन्ध्या की इस मलिन सेज पर
गंगे! किस विषाद के संग,
सिसक-सिसक कर सुला रही तू
अपने मन की मृदुल उमंग?

उमड़ रही आकुल अन्तर में,
कैसी यह वेदना अथाह?
किस पीड़ा के गहन भार से
निश्चल-सा पड़ गया प्रवाह?

मानस के इस मौन मुकुल में
सजनि! कौन-सी व्यथा अपार
बनकर गन्ध अनिल में मिल
जाने को खोज रही लघु द्वार?

चल अतीत की रंगभूमि में
स्मृति-पंखों पर चढ़ अनजान,
विकल-चित्त सुनती तू अपने
चन्द्रगुप्त का क्या जय-गान?

घूम रहा पलकों के भीतर
स्वप्नों-सा गत विभव विराट्?
आता है क्या याद मगध का
सुरसरि! वह अशोक सम्राट्?

संन्यासिनी-समान विजन में
कर-कर गत विभूति का ध्यान,
व्यथित कंठ से गाती है क्या
गुप्त-वंश का गरिमा-गान?

गूँज रहे तेरे इस तट पर
गंगे! गौतम के उपदेश,
ध्वनित हो रहे इन लहरों में
देवि! अहिंसा के सन्देश।

उसी सत्य के गीत कुहक
गाती कोयल डाली-डाली,
वही स्वर्ण-सन्देश नित्य
बन आता ऊषा की लाली।

तुझे याद है, चढ़े पदों पर
कितने जय-सुमनों के हार?
कितनी बार समुद्रगुप्त ने
धोयी है तुझमें तलवार?

तेरे तीरों पर दिग्विजयी
नृप के कितने उड़े निशान?

कितने चक्रवर्तियों ने हैं
किये कूल पर अवभृथ-स्नान?

विजयी चन्द्रगुप्त के पद पर
सैल्यूकस की वह मनुहार,
तुझे याद है देवि! मगध का
वह विराट् उज्ज्वल शृंगार?

जगती पर छाया करती थी
कभी हमारी भुजा विशाल,
बार-बार झुकते थे पद पर
ग्रीक-यवन के उन्नत भाल।

उस अतीत गौरव की गाथा
छिपी इन्हीं उपकूलों में,
कीर्ति-सुरभि वह गमक रही
अब भी तेरे वन-फूलों में।

नियति-नटी ने खेल-कूद में
किया नष्ट सारा शृंगार,
खँडहर की धूलों में सोया
अपना स्वर्णोदय साकार।

तूने सुख-सुहाग देखा है,
उदय और फिर अस्त, सखी!
देख, आज निज युवराजों को
भिक्षाटन में व्यस्त सखी!

एक-एक कर गिरे मुकुट,
विकसित वन भस्मीभूत हुआ,
तेरे सम्मुख महासिन्धु
सूखा, सैकत उद्भूत हुआ।

धधक उठा तेरे मरघट में
जिस दिन सोने का संसार,
एक-एक कर लगा दहकने
मगध-सुन्दरी का शृंगार,

जिस दिन जली चिता गौरव की,
जय-भेरी जब मूक हुई,
जमकर पत्थर हुई न क्यों,
यदि टूट नहीं दो-टूक हुई?

मन्द-मन्द बज रही मन्द्र ध्वनि
मिट्टी में नक्कारों की,
गूँज रही झन-झन धूलों में
मौर्यों की तलवारों की।

दायें पार्श्व पड़ा सोता
मिट्टी में मगध शक्तिशाली,
वीर लिच्छवी की विधवा
बायें रोती है वैशाली।

तू निज मानस-ग्रन्थ खोल
दोनों की गरिमा गाती है,

वीचि-दृगों से हेर-हेर
सिर धुन-धुन कर रह जाती है।

देवि! दुःखद है वर्तमान की
यह असीम पीड़ा सहना।
नहीं सुखद संस्मृति में भी
उज्ज्वल अतीत की रत रहना।

अस्तु, आज गोधूलि-लग्न में
गंगे! मन्द-मन्द बहना,
गाँवों, नगरों के समीप चल
कलकल स्वर से यह कहना,

"खँडहर में सोयी लक्ष्मी का
फिर कब रूप सजाओगे?
भग्न देव-मन्दिर में कब
पूजा का शंख बजाओगे?"

कस्मै देवाय?

रच फूलों के गीत मनोहर,
चित्रित कर लहरों के कम्पन,
कविते! तेरी विभव-पुरी में
स्वर्गिक स्वप्न बना कवि-जीवन।

छाया सत्य चित्र बन उतरी,
मिला शून्य को रूप सनातन,
कवि-मानस का स्वप्न भूमि पर
बन आया सुरतरु-मधु-कानन।

भावुक मन था, रोक न पाया,
सज आये पलकों में सावन,
नालन्दा वैशाली के
ढूहों पर बरसे पुतली के घन।

दिल्ली की गौरव-समाधि पर
आँखों ने आँसू बरसाये,
सिकता में सोये अतीत के
ज्योति-वीर स्मृति में उग आये।

बार-बार रोती रावी की
लहरों से निज कंठ मिलाकर,
देवि! तुझे, सच, रुला चुका हूँ
सूने में आँसू बरसा कर।

मिथिला में पाया न कहीं, तब
ढूँढ़ा बोधि-वृक्ष के नीचे,
गौतम का पाया न पता,
गंगा की लहरों ने दृग मीचे।

मैं निज प्रियदर्शन अतीत का
खोज रहा सब ओर नमूना,
सच है या मेरे दृग का भ्रम?
लगता विश्व मुझे यह सूना।

छीन-छीन जल-थल की थाती
संस्कृति ने निज रूप सजाया,
विस्मय है, तो भी न शान्ति का
दर्शन एक पलक को पाया।

जीवन का यति-साम्य नहीं क्यों
फूट सका अब तक तारों से?
तृप्ति न क्यों जगती में आयी
अब तक भी आविष्कारों से?

जो मंगल-उपकरण कहाते,
वे मनुजों के पाप हुए क्यों?

विस्मय है, विज्ञान बिचारे
के वर ही अभिशाप हुए क्यों?

धरणी चीख कराह रही है
दुर्वह शस्त्रों के भारों से,
सभ्य जगत् को तृप्ति नहीं
अब भी युगव्यापी संहारों से।

गूँज रहीं संस्कृति-मंडप में
भीषण फणियों की फुफकारें,
गढ़ते ही भाई जाते हैं
भाई के वध-हित तलवारें।

शुभ्र वसन वाणिज्य-न्याय का
आज रुधिर से लाल हुआ है,
किरिच-नोक पर अवलम्बित
व्यापार, जगत् बेहाल हुआ है।

सिर धुन-धुन सभ्यता-सुन्दरी
रोती है बेबस निज रथ में,
"हाय! दनुज किस ओर मुझे ले
खींच रहे शोणित के पथ में?"

दिक्-दिक् में शस्त्रों की झनझन,
धन-पिशाच का भैरव-नर्तन,
दिशा-दिशा में कलुष-नीति,
हत्या, तृष्णा, पातक-आवर्तन।

दलित हुए निर्बल सबलों से,
मिटे राष्ट्र, उजड़े दरिद्र जन,
आह! सभ्यता आज कर रही
असहायों का शोणित-शोषण।

क्रान्ति-धात्रि कविते! जाग, उठ,
आडम्बर में आग लगा दे,
पतन, पाप, पाखंड जलें,
जग में ऐसी ज्वाला सुलगा दे।

विद्युत् की इस चकाचौंध में
देख, दीप की लौ रोती है।
अरी, हृदय को थाम, महल के
लिए झोंपड़ी बलि होती है।

देख, कलेजा फाड़ कृषक
दे रहे हृदय-शोणित की धारें;
बनती ही उनपर जाती हैं
वैभव की ऊँची दीवारें।

धन-पिशाच के कृषक-मेध में
नाच रही पशुता मतवाली,
आगन्तुक पीते जाते हैं
दीनों के शोणित की प्याली।

उठ भूषण की भाव-रंगिणी!
लेनिन के दिल की चिनगारी!

युग-मर्दित यौवन की ज्वाला!
जाग-जाग, री क्रान्ति-कुमारी!

लाखों क्रौंच कराह रहे हैं,
जाग, आदि कवि की कल्याणी!
फूट-फूट तू कवि-कंठों से
बन व्यापक निज युग की वाणी।

बरस ज्योति बन गहन तिमिर में,
फूट मूक की बनकर भाषा,
चमक अन्ध की प्रखर दृष्टि बन,
उमड़ गरीबी की बन आशा।

गूँज, शान्ति की सुखद साँस-सी
कलुष-पूर्ण युग-कोलाहल में,
बरस, सुधामय कनक-वृष्टि-सी
ताप-तप्त जग के मरुथल में।

खींच मधुर स्वर्गीय गीत से
जगती को जड़ता से ऊपर,
सुख की सरस कल्पना-सी तू
छा जाये कण-कण में भू पर।

क्या होगा, अनुचर न वाष्प हो,
पड़े न विद्युत्-दीप जलाना;
मैं न अहित मानूँगा, चाहे
मुझे न नभ के पन्थ चलाना।

तमसा के अति भव्य पुलिन पर,
चित्रकूट के छाया-तरु तर,
कहीं तपोवन के कुंजों में
देना पर्णकुटी का ही घर।

जहाँ तृणों में तू हँसती हो,
बहती हो सरि में इठलाकर,
पर्व मनाती हो तरु-तरु पर
तू विहंग-स्वर में गा-गाकर।

कन्द, मूल, नीवार भोगकर,
सुलभ इंगुदी-तैल जलाकर,
जन-समाज सन्तुष्ट रहे
हिल-मिल आपस में प्रेम बढ़ाकर।

धर्म-भिन्नता हो न, सभी जन
शैल-तटी में हिल-मिल आयें;
ऊषा के स्वर्णिम प्रकाश में
भावुक भक्ति-मुग्ध-मन गायें,

"हिरण्यगर्भः समवर्त्तताग्रे
भूतस्य जातः पतिरेक आसीत्,
स दाधार पृथिवीं द्यामुतेर्माम्
कस्मै देवाय हविषा विधेम?"

[1931 ई.]

बागी

निर्मम नाता तोड़ जगत् का अमरपुरी की ओर चले,
बन्धन-मुक्ति न हुई, जननि की गोद मधुरतम छोड़ चले।
जलता नन्दन-वन पुकारता, 'मधुप! कहाँ मुँह मोड़ चले?'
बिलख रही यशुदा, 'माधव! क्यों मुरली मंजु मरोड़ चले?'
उबल रहे सब सखा, नाश की उद्धत एक हिलोर चले;
पछताते हैं वधिक, 'पाप का घड़ा हमारा फोड़ चले।'
माँ रोती, बहनें कराहतीं, घर-घर व्याकुलता जागी,
उपल-सरीखे पिघल-पिघल तुम किधर चले मेरे बागी?*

[1929 ई.]

* बोरस्टल जेल के शहीद यतीन्द्रनाथ दास की मृत्यु पर।

गा रही कविता युगों से मुग्ध हो

गा रही कविता युगों से मुग्ध हो

गा रही कविता युगों से मुग्ध हो,
मधुर गीतों का न पर, अवसान है।
चाँदनी की शेष क्यों होगी सुधा,
फूल की रुकती न जब मुसकान है?

चन्द्रिका किस रूपसी की है हँसी?
दूब यह किसकी अनन्त दुकूल है?
किस परी के प्रेम की मृदु कल्पना
व्योम में नक्षत्र, वन में फूल है?

नत-नयन, कर में कुसुम-जयमाल ले,
भाल में कौमार्य की बेदी दिये,
क्षितिज पर आकर खड़ी होती उषा
नित्य किस सौभाग्यशाली के लिए?

धान की पी चन्द्रधौत हरीतिमा
आज है उन्मादिनी कविता-परी,
दौड़ती तितली बनी वह फूल पर,
लोटती भू पर जहाँ दूर्वा हरी।

[1934 ई.]

जागरण

[वसन्त के प्रति शिशिर की उक्ति]

मैं शिशिर-शीर्णा चली, अब जाग ओ मधुमासवाली!

खोल दृग, मधु नींद तज, तन्द्रालसे, रूपसि विजन की!
साज नव शृंगार, मधु-घट संग ले, कर सुधि भुवन की।
विश्व में तृण-तृण जगी है आज मधु की प्यास आली!
मैं शिशिर-शीर्णा चली, अब जाग ओ मधुमासवाली।

वर्ष की कविता सुनाने खोजते पिक मौन भोले,
स्पर्श कर द्रुत बौरने को आम्र आकुल बाँह खोले;
पन्थ में कोरकवती जूही खड़ी ले नम्र डाली।
मैं शिशिर-शीर्णा चली, अब जाग ओ मधुमासवाली।

लौट जाता गन्धवह सौरभ बिना फिर-फिर मलय को,
पुष्पशर चिन्तित खड़ा संसार के उर की विजय को।
मौन खग विस्मित, 'कहाँ अटकी मधुर उल्लासवाली?'
मैं शिशिर-शीर्णा चली, अब जाग ओ मधुमासवाली।

मुक्त करने को विकल है लाज की मधु-प्रीति कारा;
विश्व-यौवन की शिरा में नाचने को रक्तधारा।
चाहती छाना दृगों में आज तजकर गाल लाली।
मैं शिशिर-शीर्णा चली, अब जाग ओ मधुमासवाली।

है विकल उल्लास वसुधा के हृदय से फूटने को,
प्रात-अंचल-ग्रन्थि से नव रश्मि चंचल छूटने को।
मद्य पीने को खड़े हैं भृंग लेकर रिक्त प्याली।
मैं शिशिर-शीर्णा चली, अब जाग ओ मधुमासवाली।

इन्द्र की धनुषी बनी तितली पवन में डोलती है;
अप्सराएँ भूमि के हित पंख-पट निज खोलती हैं।
आज बन साकार छाना चाहते कवि-स्वप्न आली!
मैं शिशिर-शीर्णा चली, अब जाग ओ मधुमासवाली।

[1934 ई.]

राजा-रानी

राजा वसन्त, वर्षा ऋतुओं की रानी,
लेकिन, दोनों की कितनी भिन्न कहानी!
राजा के मुख में हँसी, कंठ में माला,
रानी का अन्तर विकल, दृगों में पानी।

डोलती सुरभि राजा-घर कोने-कोने,
परियाँ सेवा में खड़ीं सजाकर दोने।
खोले अलकें रानी व्याकुल-सी आयी,
उमड़ी, जानें, क्या व्यथा, लगी वह रोने।

रानी, रोओ, पोंछो न अश्रु अंचल से,
राजा अबोध खेलें कचनार-कमल से।
राजा के वन में कैसे कुसुम खिलेंगे,
सींचो न धरा यदि तुम आँसू के जल से?

लेखनी लिखे, मन में जो निहित व्यथा है,
रानी की सब दिन गीली रही कथा है।
त्रेता के राजा क्षमा करें यदि बोलूँ,
राजा-रानी की युग से यही प्रथा है।

विधु-संग-संग चाँदनी खिली वन-वन में,
सीते! तुम तो खो रहीं चरण-पूजन में।
तो भी यह अग्नि-विधान! राम निष्ठुर हैं;
रानी! जनमी थीं तुम किस अशुभ लगन में?

नृप हुए राम, तुमने विपदाएँ झेलीं;
थी कीर्ति उन्हें प्रिय, तुम वन गयीं अकेली।
वैदेहि! तुम्हें माना कलंकिनी प्रिय ने,
रानी! करुणा की तुम भी विषम पहेली।

रो-रो राजा की कीर्त्तिलता पनपाओ,
रानी! आयसु है, लिये गर्भ वन जाओ।
सूखो सरयू! साकेत! भस्म हो; रानी!
माँ के उर में छिप रहो, न मुख दिखलाओ।

औ' यहाँ कौन यह विधु की मलिन कला-सी,
सन्ध्या-सुहाग-सी, तेज-हीन चपला-सी?
अयि मूर्तिमती करुणे द्वापर की! बोलो,
तुम कौन मौन क्षीणा अलका-अबला-सी?

अयि शकुन्तले! कैसा विषाद आनन में?
रह-रह किसकी सुधि कसक रही है मन में?
प्याली थी वह विष-भरी, प्रेम में भूली,
पी गयीं जिसे भोली तुम लता-भवन में।

माधवी-कुंज की मादक प्रणय-कहानी
नयनों में है साकार आज बन पानी।

पुतली में रच तसवीर निठुर राजा की
रानी रोती फिरती वन-वन दीवानी।

राजा हँसते हैं, हँसें, तुम्हें रोना है,
मालिन्य मुकुट का भी तुमको धोना है;
रानी! विधि का अभिशाप यहाँ ऊसर में
आँसू से मोती-बीज तुम्हें बोना है।

किरणों का कर अवरोध उड़ा अंचल है,
छाया में राजा मना रहा मंगल है।
रानी! राजा को ज्ञात न, पर अनजाने,
भ्रू-इंगित पर वह घूम रहा पल-पल है।

वह नव वसन्त का कुसुम, और तुम लाली,
वह पावस-नभ, तुम सजल घटा मतवाली;
रानी! राजा की इस सूनी दुनिया में
बुनतीं स्वप्नों से तुम सोने की जाली।

सुख की तुम मादक हँसी, आह दुर्दिन की,
सुख-दुःख, दोनों में, विभा इन्दु अमलिन की।
प्राणों की तुम गुंजार, प्रेम की पीड़ा,
रानी! निशि का मधु और दीप्ति तुम दिन की।

पग-पग पर झरते कुसुम, सुकोमल पथ है,
रानी! कबरी का बन्ध तुम्हारा श्लथ है।
झिलमिला रही मुसकानों से अँधियाली,
चलता अबाध, निर्भय राजा का रथ है।

छिटकी तुम विद्युत्-शिखा, हुआ उजियाला,
तम-विकल सैनिकों में संजीवन डाला;
हल्दीघाटी हुंकार उठी जब रानी!
तुम धधक उठीं बनकर जौहर की ज्वाला।

राजा की स्मृति बन ज्योति खिली जौहर में,
असि चढ़ चमकी रानी की विभा समर में;
भू पर रानी जूही, गुलाब राजा है;
राजा-रानी हैं सूर्य-सोम अम्बर में।

[1935 ई.]

निर्झरिणी

मधु-यामिनी-अंचल-ओट में सोयी थी,
बालिका-जूही उमंग-भरी;
विधु-रंजित ओस-कणों से भरी
थी बिछी वन-स्वप्न-सी दूब हरी;
मृदु चाँदनी-बीच थी खेल रही
वन-फूलों से शून्य में इन्द्र-परी,
कविता बन शैल-महाकवि के
उर से मैं तभी अनजान झरी।

हरिणी-शिशु ने निज लास दिया,
मधु राका ने रूप दिया अपना,
कुमुदी ने हँसी, परियों ने उमंग,
चकोरी ने प्रेम में यों तपना।
नभ नील ने जन्म-घड़ी ही में नील
समुद्र का भव्य दिया सपना,
'पी कहाँ' कह प्रेमी पपीहरे ने
सिखलाया मुझे 'पी कहाँ' जपना।

गति-रोध किया गिरि ने, पर, मैं
  द्रुत भाग चली घहराती हुई,
सरकी उपलों में भुजंगिनी-सी
  मैं शिला से कहीं टकराती हुई;
जननी-गृह छोड़ चली, मुड़ देखा
  कभी न उसे ललचाती हुई,
गिरि-शृंग से कूद पड़ी मैं अभय
  'पी कहाँ?', 'पी कहाँ?' धुन गाती हुई।

वनभूमि ने दूब के अंचल में
  गिरि से गिरते मुझे छान लिया,
गिरि-मल्लिका कुन्तल-बीच पिरो
  मुझको निज बालिका मान लिया;
कलियों ने सुहाग के मोती दिये,
  नव ऊषा ने सेंदुर-दान दिया,
जगती को हरी लख मैंने हरी-हरी
  दूबों का ही परिधान लिया।

तट की हिमराशि की आरसी में
  अपनी छवि देख दीवानी हुई।
प्रिय-दर्शन की मधु लालसा में
  पिघली, पल में घुल पानी हुई।
टकराने चली मैं असीम के वक्ष से,
  रूप के ज्वार की रानी हुई।
उन्माद की रागिनी, बेकली की
  अपनी ही मैं आप कहानी हुई।

जननी-धरणी मुझे गोद लिये
थी सचेत कि मैं भग जाऊँ नहीं,
वन-जन्तुओं के शिशु आन जुटे
कि सखा बिन मैं दुःख पाऊँ नहीं।
थी डरी मैं, पड़ी ममता में कहीं
इस देश में ही रह जाऊँ नहीं,
प्रिय देखे बिना झर जाऊँ न व्यर्थ,
कहीं छवि यों ही गँवाऊँ नहीं।

एक रोज उनींदी हुई जो धरा,
द्रुत भागी मैं आँख बचाती हुई,
वन-वल्लरी-अंचल-बीच कहीं
तृण-पुंज में वेश छिपाती हुई।
निकली द्रुम-कुंज की छाँह से तो
मैं चली फिर से घहराती हुई,
सिकता-से पिपासित विश्व के कंठ में
स्वर्ग-सुधा सरसाती हुई।

वनदेवि! द्रुमांचल श्याम हिला
फिरने का करो न इशारा मुझे,
उपलो! पद यों न गहो, भुज खोल
न बाँध, तू हाय! किनारा! मुझे।
किसकी ध्वनि दूर से आयी? पुकार
रहा, सुन, अम्बुधि प्यारा मुझे,
जननी धरणी! तिरछी हो जरा,
अरी! वेग से खींच तू धारा मुझे।

अभिसारिका मैं मिलने हूँ चली,
प्रिय-पन्थ रे, कोई बताना जरा,
किस शूली पै 'मीरा'-पिया की है सेज?
इशारों से कोई दिखाना जरा।
पथ-भूली-सी कुंज में राधिका के
हित श्याम! तू वेणु बजाना जरा,
तुझमें प्रिय! खोने को तो आ रही
पर तू भी गले से लगाना जरा।

[1933 ई.]

कोयल

कैसा होगा वह नन्दन-वन?
सखि! जिसकी स्वर्ण-तटी से तू स्वर में भर-भर लाती मधुकण।
कैसा होगा वह नन्दन-वन?

कुंकुम-रंजित परिधान किये,
अधरों पर मृदु मुसकान लिये,
गिरिजा निर्झरिणी को रँगने
कंचन-घट में सामान लिये।

नत नयन, लाल कुछ गाल किये,
पूजा-हित कंचन-थाल लिये,
ढोती यौवन का भार, अरुण
कौमार्य-विन्दु निज भाल दिये।

स्वर्णिम दुकूल फहराती-सी,
अलसित, सुरभित, मदमाती-सी,
दूबों से हरी-भरी भू पर
आती षोड्शी उषा सुन्दर।

हँसता निर्झर का उपल-कूल
लख तृण-तरु पर नव छवि-दुकूल;
तलहटी चूमती चरण-रेणु,
उगते पद-पद पर अमित फूल।

तब तृण-झुरमुट के बीच कहाँ देते हैं पंख भिंगो हिमकन?
किस शान्त तपोवन में बैठी तू रचती गीत सरस, पावन?
यौवन का प्यार-भरा मधुवन
खेलता जहाँ हँसमुख बचपन,
कैसा होगा वह नन्दन-वन?

गिरि के पदतल पर आस-पास
मखमली दूब करती विलास।
भावुक पर्वत के उर से झर
बह चली काव्यधारा (निर्झर),

हरियाली में उजियाली-सी,
पहने दूर्वा का हरित चीर
नव चन्द्रमुखी मतवाली-सी;

पद-पद पर छितराती दुलार,
बन हरित भूमि का कंठ-हार।

तनता भू पर शोभा-वितान,
गाते खग द्रुम पर मधुर गान।
उन्मुख हो उठती चकित दिशा,
चुप हो सुनते गिरि लगा कान।

रोमन्थन करती मृगी कहीं,
कूदते अंग पर मृग-कुमार,
स्वर्णातप में निर्झर-तट-पर
लेते हैं कुछ मृग पद पसार।

टीलों पर चरती गाय सरल,
गो-शिशु पीते माता का थन,
ऋषि-बालाएँ ले-ले लघु घट
हँस-हँस करतीं द्रुम का सिंचन।

तरु-तल सखियों से घिरी हुई, वल्कल से कस कुच का उभार,
बिरहिनि शकुन्तला आँसू से लिखती मन की पीड़ा अपार,
ऊपर पत्तों में छिपी हुई तू उसका मृदु हृदयस्पन्दन,
अपने गीतों की कड़ियों में भर-भर करती कूजित कानन।
वह साम-गान-मुखरित उपवन!
जगती की बालस्मृति पावन!
वह तप-कानन! वह नन्दन-वन!

किन कलियों ने भर दी श्यामा,
तेरे सु-कंठ में यह मिठास?
किस इन्द्र-परी ने सिखा दिया
स्वर का कम्पन, लय का विलास?

भावों का यह व्याकुल प्रवाह,
अन्तरतम की यह मधुर तान,
किस विजन वसन्त-भरे वन में
सखि! मिला तुझे स्वर्गीय गान?

थे नहा रहे चाँदनी-बीच जब गिरि, निर्झर, वन विजन, गहन,
तब वनदेवी के साथ बैठ कब किया कहाँ सखि! स्वर-साधन?
परियों का वन शृंगार-सदन!
कवितामय है जिसका कन-कन!
कैसा होगा वह नन्दन-वन!

[1933 ई.]

मिथिला में शरत्

किस स्वप्न-लोक से छवि उतरी?

ऊपर निरभ्र नभ नील-नील,
नीचे घन-विम्बित झील-झील।
उत्तर किरीट पर कनक-किरण,
पद-तल मन्दाकिनि रजत-वरण।
छलकी कण-कण में दिव्य सुधा,
बन रही स्वर्ग मिथिला-वसुधा।

तन की साड़ी-द्युति सघन श्याम,
तरु, लता, धान, दूर्वा ललाम।
दायें कोशल ले अर्घ्य खड़ा,
आरती बंग ले वाम-वाम।

दूबों से लेकर बाँसों तक,
गृह-लता, सरित-तट कासों तक,
हिल रही पवन में हरियाली;
वसुधा ने कौन सुधा पा ली?

गाती धनखेतों-बीच परी,
किस स्वप्न-लोक से छवि उतरी?

क्या शरत्-निशा की बात कहूँ?
जो कुछ देखा था रात, कहूँ?
निर्मल ऋतु की मुख-भरी हँसी,
चाँदनी बिसुध भू आन खसी;
मदरसा, विकल, मदमाती-सी,
अपने सुख में न समाती-सी।

गंडकी सुप्त थी रेतों में,
पंछी चुप नीड़-निकेतों में;
था रोर सुप्त वन में, घर में;
चाँदनी सजग थी जग भर में,
हाँ, कम्प जरा हरियाली में,
थी आहट कुछ वैशाली में।

इतने में (उफ! कविता उमड़ी)
खँडहर से निकली एक परी;
गंडकी-कूल खेतों में आ
हरियाली में हो गयी खड़ी।
लट खुली हुई लहराती थी,
मुख पर आवरण बनाती थी;

सपनों में भूल रहा मन था,
उन्मन दृग में सूनापन था।
धानी दुकूल गिर धानों पर
मंजरी-साथ कुछ रहा लहर।

लम्बी बाँहें गोरी-गोरी
उँगलियाँ रूप-रस में बोरी।

कर कभी धान का आलिंगन
लेती मंजरियों का चुम्बन।
गंडकी-ओर फिर दृष्टि फेर
देखती लहर को बड़ी देर।
हेरती मर्म की आँखों से
वह कपिलवस्तु-दिशि बेर-बेर।

शारद निशि की शोभा विशाल,
जगती, ज्योत्स्ना का स्वर्ण-ताल,
श्यामल, शुभ शस्यों का प्रसार,
गंडक, मिथिला का कंठहार।
चन्द्रिका-धौत वालुका-कूल,
कम्पित कासों के श्वेत फूल;
वह देख-देख हर्षाती है,
कुछ छिगुन-छिगुन रह जाती है।

मिथिला विमुक्त कर हृदय-द्वार
है, लुटा रही सौन्दर्य प्यार;

कोई विद्यापति क्यों न आज
चित्रित कर दे छवि गान-व्याज?
कोई कविता मधु-लास-मयी,
अविच्छिन्न, अनन्त विलासमयी,
चाँदनी धुली पी हरियाली
बनती न हाय, क्यों मतवाली?

शेखर की याद सताती है,
वह छिगुन-छिगुन रह जाती है।

मैं नहीं चाहता चिर-वसन्त,
जुही-गुलाब की छवि अनन्त।
ग्रीष्म हो, तरु की छाँह रहे;
पावस हो, प्रिय की बाँह रहे;
हो शीत या कि ऊष्मा ज्वलन्त,
मेरे गृह में अक्षय वसन्त।

औ' शरत्, अभी क्या गम है?
तू ही वसन्त से क्या कम है?
है बिछी दूर तक दूब हरी,
हरियाली ओढ़े लता खड़ी।
कासों के हिलते श्वेत फूल,
फूली छतरी ताने बबूल;
अब भी लजवन्ती झीनी है,
मंजरी बेर रस-भीनी है।

कोयल न (रात वह भी कूकी,
तुझपर रीझी, बंसी फूँकी।)
कोयल न, कीर तो बोले हैं,
कुररी-मैना रस घोले हैं।
कवियों की उपमा की आँखें;
खंजन फड़काती है पाँखें।

रजनी बरसाती ओस ढेर,
देती भू पर मोती बिखेर;

नभ नील, स्वच्छ, सुन्दर तड़ाग;
तू शरत् न, शुचिता का सुहाग।

औ' शरत्-गंग! लेखनी, आह!
शुचिता का यह निर्मल प्रवाह;
पल-भर निमग्न इसमें हो ले,
वरदान माँग, किल्विष धो ले।

गिरिराज-सुता सुषमा-भरिता,
जल-स्रोत नहीं, कविता-सरिता।
वह कोमल कास-विकासमयी,
यह बालिका पावन हासमयी;
वह पुण्य-विकासिनि, दिव्य-विभा,
यह भाव-सुहासिनि, प्रेम-प्रभा।

हे जन्मभूमि! शत बार धन्य!
तुझ-सा न 'सिमरियाघाट' अन्य।
तेरे खेतों की छवि महान,
अनिमन्त्रित आ उर में अजान,
भावुकता बन लहराती है,
फिर उमड़ गीत बन जाती है।

'बाया' की यह कृश, विमल धार,
गंगा का यह दुर्गम कछार,
कूलों पर कास-परी फूली,
दो-दो नदियाँ तुझपर भूलीं।
कल-कल कर प्यार जताती हैं,
छू पार्श्व सरकती जाती हैं।

शारद सन्ध्या, यह उगा सोम,
बन गया सरित में एक व्योम,
शेखर-उर में अब बिंधें बाण,
सुन्दरियाँ यह कर रहीं स्नान।
आग्रीव, वारि के बीच खड़ी,
गा रही मधुर प्रत्येक परी।
बिछली पड़तीं किरणें जल पर,
नाचती लहर पर स्वर-लहरी।

यह वारि-वेलि फैली अमूल,
खिल गये अनेको कंज-फूल;
लट नहीं, मुग्ध अलिवृन्द श्याम
कंजों की छवि पर रहे भूल।
डुबकी रमणियाँ लगाती हैं,
लट ऊपर ही लहराती है;
जल-मग्न कमल को खोज-खोज
मधुपावलियाँ मँडराती हैं।

लेकिन, नालों पर कंज कहाँ,
ऐसे, जैसे ये खिले यहाँ?
नीचे आने विधु ललक रहा,
मृदु चूम परी की पलक रहा;
वह स्वर्ग-बीच ललचाता है,
भू पर रस-प्याला छलक रहा।

परियाँ अब जल से चलीं निकल
तन से लिपटे भींगे अंचल;

चू रही चिकुर से वारि-धार,
मुख-शशि-भय रोता अन्धकार।
विद्यापति! सिक्त वसन तन में,
मन्मथ जागे न मुनी-तन में।

कवि! शरत्-निशा का प्रथम प्रहर,
कल्पना तुम्हारी उठी लहर,
कविता कुछ लोट रही तट में,
लिपटी कुछ सिक्त परी-पट में;
कुछ मैं स्वर में दुहराता हूँ;
निज कविता मधुर बनाता हूँ।

गंगा-पूजन का साज सजा,
कल कंठ-कंठ में तार बजा;
स्वर्गिक उल्लास, उमंग यहाँ;
पट में सुर-धुन के रंग यहाँ;
तुलसी-दल-सा परिपूत हृदय,
अति पावन पुण्य-प्रसंग यहाँ।
तितलियाँ प्रदीप जलाती हैं,
शेखर की कविता गाती हैं।

गंगे! ये दीप नहीं बलते,
लघु पुण्य-प्रभा-कण हैं जलते;
अन्तर की यह उजियाली है;
भावों की यह चिनगारी है।

[1934 ई.]

विश्व-छवि

मैं तुझे रोकता हूँ पल-पल, तू और खिंचा-सा जाता है,
मन, जिसे समझता तू सुन्दर, उस जग से कब का नाता है?
कुछ विस्मृत-सा परिचय है क्या जिससे बढ़ता है प्यार?
कण-कण में कौन छिपा अपना जो मुझको रहा पुकार?

मधुर कैसी है यह नगरी!
धन्य री जगती पुलक-भरी!

चन्द्रिका-पट का कर परिधान,
सजा नक्षत्रों से शृंगार,
प्रकृति पुलकाकुल आँखें खोल
देखती, निज सुवर्ण-संसार।

चमकते तरु पर झिलमिल फूल,
बौर जाता है कभी रसाल,
अंक में लेकर नीलाकाश
कभी दर्पण बन जाता ताल।

चहकती चित्रित मैना कहीं,
कहीं उड़ती कुसुमों की धूल,
चपल तितली सुकुमारी कहीं
दीखती, फुदक रहे ज्यों फूल।

हरे वन के कंठों में कहीं
स्रोत बन जाते उज्ज्वल हार।
पिघलकर चाँदी ही बन गयी
कहीं गंगा की झिलमिल धार।

उतरती हरे खेत में इधर
खींचकर सन्ध्या स्वर्ण-दुकूल,
व्योम की नील वाटिका-बीच
उधर हँस पड़ते अगणित फूल।

वन्य तृण भी तो पुलक-विभोर
पवन में झूम रहे स्वच्छन्द;
प्रकृति के अंग-अंग से अरे,
फूटता है कितना आनन्द!

देख मादक जगती की ओर
झनकते हृत्तन्त्री के तार,
उमड़ पड़ते उर के उच्छ्वास,
धन्य स्रष्टा! तेरा व्यापार।

स्रष्टा धन्य, विविध सुमनों से सजी धन्य यह फुलवारी।
पा सकतीं क्या इन्द्रपुरी में भी आँखें यह छवि प्यारी?

फूलों की क्या बात? बाँस की हरियाली पर मरता हूँ।
अरी दूब, तेरे चलते जगती का आदर करता हूँ।

किसी लोभ से इसे छोड़ दूँ, यह जग ऐसा स्थान नहीं;
और बात क्या? बहुधा मैं चाहता मुक्ति-वरदान नहीं।

इस उपवन की ओर न आऊँ, ऐसी मुक्ति न मैं लूँगा,
अपने पर कृतघ्नता का अपराध न लगने मैं दूँगा।

इच्छा है, सौ-सौ जीवन पा इस भूतल पर आऊँ मैं,
घनी पत्तियों की हरियाली से निज नयन जुड़ाऊँ मैं।

तरु के नीचे बैठ सुमन की सरस प्रशंसा गाऊँ मैं,
नक्षत्रों में हँसूँ, ओस में रोऊँ और रुलाऊँ मैं।

मेरे काव्य-कुसुम से जग का हरा-भरा उद्यान बने,
मेरी मृदु कविता भावुक परियों का कोमल गान बने।

विधि से रंजित पंख माँग मैं उड़-उड़ व्योम-विहार करूँ,
गगनांगन के बिखरे मोती से माला तैयार करूँ।

किसी बाल-युवती की ग्रीवा में वह हार पिन्हाऊँ मैं,
हरी दूब पर चन्द्र-किरण में सम्मुख उसे बिठाऊँ मैं।

श्वेत, पीत, बैंगनी कुसुम से मैं उसका श्रृंगार करूँ,
कविता रचूँ, सुनाऊँ उसको, हृदय लगाऊँ, प्यार करूँ।

मलयानिल बन वन-गुलाब की मादक सुरभि चुराऊँ मैं,
विधु का बन प्रतिबिम्ब सरित के उर-भीतर छिप जाऊँ मैं।

किरण-हिंडोरे पर चढ़कर मैं बढ़ूँ कभी अम्बर की ओर,
करूँ कभी प्लावित वन-उपवन बन खग की स्वर-सरित-हिलोर।

इच्छा है, मैं बार-बार कवि का जीवन लेकर आऊँ,
अपनी प्रतिभा के प्रदीप से जग की अमा मिटा जाऊँ।

नाथ, मुझे भावुकता-प्रतिभा का प्यारा वरदान मिले,
हरी तलहटी की गोदी में सुन्दर वासस्थान मिले।

उधर झरे भावुक पर्वत-उर से निर्झरिणी सुकुमारी,
शत स्रोतों में इधर हृदय से फूट पड़े कविता प्यारी।

कुसुमों की मुसुकान देखकर,
उज्ज्वल स्वर्ण-विहान देखकर,
थिरक उठे यह हृदय मुग्ध हो,
बरस पड़े आनन्द;

अचानक गूँज उठे मृदु छन्द
"मधुर कैसी है यह नगरी!
धन्य री जगती पुलक-भरी!"

[1931 ई.]

अमा-सन्ध्या

नीरव, प्रशान्त जग, तिमिर गहन।
रुनझुन रुनझुन किसका शिंजन?

किसकी किंकिणि-ध्वनि? मौन विश्व में झनक उठा किसका कंकण?
झिल्ली-स्वन? सन्ध्या श्याम परी की हृदय-शिराओं का गुंजन?
रुनझुन रुनझुन किसका शिंजन?

अन्तिम किरणें भर गयीं ऊर्मि-
अधरों में मोती के चुम्बन,
वन-कुसुम वृन्त पर ऊँघ रहे,
दूर्वा-मुख सींच रहे हिम-कण।
रुनझुन रुनझुन किसका शिंजन?

नीलिमा-सलिल में अमा खोल
कलिका-गुम्फित कबरी-बन्धन,
लहरों पर बहती इधर-उधर
कर रही व्योम में अवगाहन।
रुनझुन रुनझुन किसका शिंजन?

मुक्ता कुन्तल में गूँथ, शुक्र का
पहन कुसुम-कर्णाभूषण
दिग्वधू क्षितिज पर बजा रही
मंजीर, चपल कँप रहे चरण।
रुनझुन रुनझुन किसका शिंजन?

यह भुवन-प्राण-तन्त्री का स्वन?
लघु तिमिर-वीचियों का कम्पन?
यह अमा-हृदय का क्या गुनगुन?
किस विरह-गीत का स्वर उन्मन?
रुनझुन रुनझुन किसका शिंजन?

[1933 ई.]

फूल

अवनी के नक्षत्र! प्रकृति के उज्ज्वल मुक्ताहार!
उपवन-दीप! दिवा के जुगनू! वन के दृग सुकुमार!
मेरी मृदु कल्पना-लहर-से पुलकाकुल, उद्भ्रान्त!
उर में मचल रहे लघु-लघु भावों-से कोमल-कान्त!
वृन्तों के दीपाधारों पर झिलमिल ज्योति पसार,
आलोकित कर रहे आज क्यों अमा-पूर्ण संसार?

कहो, कहो, किन परियों की मुसकानों में कर स्नान,
कहाँ चन्द्र-किरणों में धुल-धुल बने दिव्य, अम्लान?
किस रुपहरी सरित में धो-धो किया वस्त्र परिधान?
चले ज्योति के किस वन को हे परदेशी अनजान?

मलयानिल के मृदु झोंकों में तनिक सिहर झुक-झूल,
मन-ही-मन क्या सोच मौन रह जाते मेरे फूल?
निज सौरभ से सुरभित, अपनी आभा में द्युतिमान,
मुग्धा-से अपनी ही छवि पर भूल पड़े छविमान!

अपनी ही सुन्दरता पर विस्मित नव आँखें खोल,
हँसते झाँक-झाँक सरसी में निज प्रतिछाया लोल।

रच-से रहे स्वर्ग भूतल पर लुटा मुक्त आनन्द,
कवि को स्वप्न, अनिल को सौरभ, अलि को दे मकरन्द।

नभ के तारे दूर, अलभ इस अतल जलधि के सीप,
देव नहीं, हम मनुज, इसी से, प्रिय तुम भूमि-प्रदीप।
गत जीवन की व्यथा न भावी का हो चिन्ता-क्लेश,
घाटी में रच दिया तुम्हीं से प्रभु ने मोहक देश।

करो, करो, ऊषा के कंचन-सर में वारि-विहार,
सोओ, रजनी के अंचल में सोओ, हे सुकुमार!
मादक! उफ! कितनी मादक हैं ये कड़ियाँ, ये छन्द!
कुसुम, कहाँ जीवन में पाया यह अक्षय आनन्द?

जग के अकरुण आघातों से जर्जर मेरा तन है,
आँसू, दर्द, वेदना से परिपूरित यह जीवन है।
सूख चुका कब का मेरी कलिकाओं का मकरन्द,
क्या जानूँ जीवन में कैसा होता है आनन्द?
उर की दैवी व्यथा कहाती जग में आज प्रलाप,
कविता ही बन रही हाय! मेरे जीवन का शाप।

आशा के इंगित पर घूमा, दर-दर हाथ पसार,
पर, अंजलि में दिया किसी ने भी न तृप्ति-उपहार।
इस लघु जीवन के कण-कण में लेकर हाहाकार
सुन्दरता पर भूल खड़ा हूँ सुमन! तुम्हारे द्वार।
पल भर तो मधुमय उत्सव में सकूँ वेदना भूल,
ऐसी हँसी हँसो, निशि-दिन हँसनेवाले ओ फूल!

[1933 ई.]

गीतवासिनी

सात रंगों के दिवस, सातों सुरों की रात,
साँझ रच दूँगा गुलाबों से, जवा से प्रात।

पाँव धरने के लिए पथ में मसृण, रंगीन,
भोर का दूँगा बिछा हर रोज मेघ नवीन।

कंठ में मोती नहीं, उजली जुही की माल,
अंग पर दूँगा उढ़ा मृदु चाँदनी का जाल।

दूब की ले तूलिका, ले नीलिमा से वारि,
आँक दूँगा दो धनुष भ्रू-देश पर सुकुमारि!

श्रवण के ताटंक दो, पीले कुसुम सुकुमार,
पहुँचियों के दो वलय, उजली कली के हार।

स्वर्णदीप्त ललाट पर दे एक टीका लाल,
बाल-रवि से आँक दूँगा चन्द्रमा का भाल।

आँख में काली घटा, उर में प्रणय की प्यास,
साँस में दूँगा मलय का पूर्ण भर उच्छ्वास।

चाँद पर लहराएँगी दो नागिनें अनमोल,
चूमने को गाल दूँगा दो लटों को खोल।

वक्र धन्वा पर चढ़ा दूँगा कुसुम के तीर,
मत्त यौवन-नाग पर लावण्य की जंजीर।

कल्पना जग में बनाऊँगा तुम्हारा वास,
और ही धरती जहाँ, कुछ और ही आकाश।

स्वप्न मेरे छानते फिरते निखिल संसार,
रोज लाते हैं नया कुछ रूप का श्रृंगार।

दूब के अंकुर कभी बौरे बकुल के फूल,
पद्म के केशर कभी कुछ केतकी की धूल,

साँझ की लाली वधू की लाज की उपमान,
चन्द्रमा के अंक में सिमटी निशा के गान,

देखती अपलक अपरिचित पुरूरवा की ओर,
उर्वशी की आँख की मद से लबालब कोर,

प्रथम रस-परिरंभ से कम्पित युवति का वेश,
थरथराते-से अधर-पुट, आलुलायित केश।

चूम कर औचक जलद को भाग जाना दूर,
दामिनी का वह निराला रूप मद से चूर।

रवि-करों के स्पर्श से होकर विकल, कुछ ऊब,
कमलिनी का वारि में जाना कमर तक डूब।

ताल में तन, किन्तु, मन निशि भर शशी में लीन,
कुमुदिनी की आँख आलसयुक्त, निद्राहीन।

स्वप्न की सम्पत्ति सारी, प्राण का सब प्यार,
पास हैं जो भी विभव, दूँगा तुम्हीं पर वार।

नग्न उँगली की पहुँच के पार है जो देश,
है जहाँ रहता अलभ आदर्श उज्ज्वल-वेश।

उस धरातल पर करूँगा मैं तुम्हें आसीन,
ताल में भी तुम रहोगी वारि-पंकविहीन।

निज रुधिर के ताप से जलने न दूँगा अंग,
तुम रहोगी साथ रहकर भी सदा निःसंग।

गीत में ढोता फिरूँगा, भाग्य अपना मान,
तुम जियोगी विश्व में बन बाँसुरी की तान।

बाँसुरी की तान वह, जिसमें सजीव, अधीर,
डोलती होगी तुम्हारी मोहिनी तसवीर।

रक्त की दुर्जय क्षुधा, दारुण त्वचा की प्यास,
गीत बनकर छा रही होंगी धरा-आकाश।

तुम बजोगी जब, बजेगी चूमने की चाह,
तुम बजोगी जब, बजेगी आग-जैसी आह।

तुम बजोगी जब, बजेंगे आँसुओं के तार,
बज उठेगी विश्व के प्रति रोम से झंकार।

विश्व तुमको घेरकर कलरव करेगा,
फूल का उपहार ला आगे धरेगा।

कुछ तुम्हारी छवि हृदय पर आँक लेंगे;
गीत के भीतर तुम्हें कुछ झाँक लेंगे।

कंठ में जाकर बसोगी तुम किसी के।
प्राण में जाकर हँसोगी तुम किसी के।

मैं मुदित हूँगा कि जिस पर लुट रहा संसार,
वह न कोई और, मेरे गीत का गलहार।

[1946 ई.]

कवि

नवल उर में भर विपुल उमंग,
विहँस कल्पना-कुमारी-संग,
मधुरिमा से कर निज शृंगार,
स्वर्ग के आँगन में सुकुमार!
मनाते नित उत्सव-आनन्द,
कौन तुम पुलकित राजकुमार!

फैलता वन-वन आज वसन्त,
सुरभि से भरता अखिल दिगन्त,
प्रकृति आकुल यौवन के भार,
सिहर उठता रह-रह संसार।
पुलक से खिल-खिल उठते प्राण!
बनो कवि! फूलों की मुस्कान।

सरित सम पर देती है ताल,
चन्द्र बुनता किरणों का जाल।
सरल शिशु-सा सोता है विश्व,
ओढ़ सपनों का वसन विशाल।

निशा का परम मधुर यह हास।
बनो कवि! रत्न-खचित आकाश।

विरह से व्याकुल, तप्त शरीर,
नयन से झरता झर-झर नीर,
जलन से झुलस रहे सब गात,
जुड़ी है आँखों की बरसात,
सिसक-संयुत अति करुण उसाँस।
बनो कवि! सावन-भादो मास।

न उपवन का वह विभव-विलास,
न कलियों का मृदु गन्धोच्छ्वास,
लता, तरुओं की शुष्क कतार,
यही हैं उपवन के श्रृंगार।
काल का अति निर्मम आघात।
बनो कवि! तरु का मर्मर-पात।

मधुर यौवन-स्वप्नों में भूल
और फँस वैभव के छवि-जाल
वासना-आसव का कर पान
मनुजता हुई बहुत बेहाल।
अचिर अन्तर्हित हों सब क्लेश।
लिखो कवि! अमर स्वर्ण-सन्देश।

न खिलता उपवन में सुकुमार
सुमन कोई अक्षय छविमान,

क्षणिक निशि का हीरक-श्रृंगार,
उषा की क्षणभंगुर मुसकान।
क्षणिक चंचल जीवन नादान।
हँसो कवि! गाकर ऐसे गान।

[1931 ई.]

कला-तीर्थ

[1]

पूर्णचन्द्र-चुम्बित निर्जन वन,
विस्तृत शैल-प्रान्त अति सुन्दर
द्रुम-द्रुम सुमन-भरित, मानो,
हो खड़ा देह धरकर कुसुमाकर।

पहन शुक्र का कर्ण-विभूषण
दिशा-सुन्दरी रूप-लहर से
मुक्त-कुन्तला मिला रही थी
अवनी को ऊँचे अम्बर से।

कला-तीर्थ को मैं जाता था
एकाकी वनफूल-नगर में,
सहसा दीख पड़ी सोने की
हंसग्रीव नौका लघु सर में।

पूर्णयौवना, दिव्य सुन्दरी
जिसपर बीन लिये निज कर में

भेद रही थी विपिन-शून्यता
भर शत स्वर्गों का मधु स्वर में।

लहरें खेल रहीं किरणों से,
ढुलक रहे जल-कण पुरइन में,
हलके यौवन थिरक रहा था
ओस-कणों-सा गान-पवन में।

मैंने कहा, "कौन तुम वन में
रूप-कोकिला बन गाती हो,
इस वसन्त-वन के यौवन पर
निज यौवन-रस बरसाती हो?"

वह बोली, "क्या नहीं जानते?
मैं सुन्दरता चिर-सुकुमारी,
अविरत निज आभा से करती
आलोकित जगती की क्यारी?

मैं अस्फुट यौवन का मधु
हूँ, मदभोरी, रसमयी, नवेली
प्रेममयी तरुणी का दृग-मद,
कवियों की कविता अलबेली।

वृन्त-वृन्त पर मैं कलिका हूँ, मैं
किसलय-किसलय पर हिमकण।
फूल-फूल पर नित फिरती हूँ,
दीवानी तितली-सी वन-वन।

प्रेम-व्यथा के सिवा न दुःख है,
यहाँ चिरन्तन सुख की लाली।
इस सरसी में नित मराल के संग
विचरती सुखी मराली।

लगा लालसा-पंख मनोरम,
आओ, इस आनन्द-भवन में,
जी-भर पी लो आज अधर-रस,
कल तो आग लगी जीवन में।"

यौवन! तृषा! प्रेम! आकर्षण!
हाँ, सचमुच, तरुणी मधुमय है,
इन आँखों में अमर-सुधा है,
इन अधरों में रस-संचय है।

मैंने देखा और दिनों से,
आज कहीं मादक था हिमकर,
उडुओं की मुस्कान स्पष्ट थी,
विमल व्योम स्वर्णाभ सरोवर।

बिम्बित रजत-दीप ऊपर को
झाँक रहे थे लहर-लहर से;
कला-तीर्थ को मैं जाता था,
एकाकी सौन्दर्य-नगर से।

[2]

बढ़ा और कुछ दूर विपिन में,
देखा पथ संकीर्ण सघन है,
दूब, फूल, रस, गन्ध न किंचित्,
केवल कुलिश और पाहन हैं।

झुरमुट में छिप रहा पन्थ,
ऊँचे-नीचे पाहन बिखरे हैं।
दुर्गम पथ, मैं पथिक अकेला,
इधर-उधर वन-जन्तु भरे हैं।

कोमल-प्रभ चढ़ रहा पूर्ण विधु
क्षितिज छोड़कर मध्य गगन में,
पर, देखूँ कैसे उसकी छवि?
कहीं, हार हो जाय न रण में!

कुछ आगे चल उस निर्जन में
देखा एक युवक अति सुन्दर
पूर्ण स्वस्थ, रक्ताभ वदन, विकसित,
प्रशस्त-उर, परम मनोहर।

श्रम में रत फावड़ा चलाता हुआ
पोंछता श्रम-कण कर से,
नहर काटता वह आता था
किसी दूरवाही निर्झर से।

मैंने कहा, "कौन तुम?" बोला
वह, "कर्तव्य, सत्य का प्यारा।

कृषि-सिंचन के लिए लिए
जाता हूँ यह निर्झर की धारा।

मैं बलिष्ठ आशा का सूत हूँ,
बिहँस रहा नित जीवन-रण में;
तन्द्रा, अलस मुझे क्यों घेरें?
मैं अविरत तल्लीन लगन में।

बाधाएँ घेरतीं मुझे, पर,
मैं निर्भय नित मुसकाता हूँ।
कुचल कुलिश कंटक-जालों को,
लक्ष्य-ओर बढ़ता जाता हूँ।

डरो नहीं पथ के काँटों से,
भरा अमित आनन्द अजिर में।
यहाँ दु:ख ही ले जाता है
हमें अमर सुख के मन्दिर में।

सुन्दरता पर कभी न भूलो,
शाप बनेगी वह जीवन में।
लक्ष्य-विमुख कर भटकायेगी,
तुम्हें व्यर्थ फूलों के वन में।

बढ़ो लक्ष्य की ओर, न अटको,
मुझे याद रख जीवन-रण में।"
उसके इस आतिथ्य-भाव से
व्यथा हुई कुछ मेरे मन में।

वह रत हुआ कर्म में अपने,
मैं श्रम-शिथिल बढ़ा निज पथ पर।
"सुन्दरता या सत्य श्रेष्ठ है?"
उठने लगा द्वन्द्व पग-पग पर।

सुन्दरता आनन्द-मूर्ति है,
प्रेम-नदी मोहक, मतवाली।
कर्म-कुसुम के बिना किन्तु, क्या
भर सकती जीवन की डाली?

सत्य सींचता हमें स्वेद से,
सुन्दरता मधु-स्वप्न-लहर से।
कला-तीर्थ को मैं जाता था
एकाकी कर्तव्य-नगर से।

[3]

कुछ क्षण बाद मिला फिर पथ में
गन्ध-फूल-दूर्वामय प्रान्तर।
हरी-भरी थी शैल-तटी, त्यों,
सघन रत्न-भूषित नीलाम्बर।

दूबों की नन्ही फुनगी पर
जगमग ओस बने आभा-कण;
कुसुम आँकते उनमें निज छवि,
जुगनू बना रहे निज दर्पण।

राशि-राशि वन-फूल खिले थे,
पुलकस्पन्दित वन-हृत्-शतदल;

दूर-दूर तक फहर रहा था
श्यामल शैल-तटी का अंचल।

एक बिन्दु पर मिले मार्ग दो
आकर दो प्रतिकूल विजन से;
संगम पर था भवन कला का
सुन्दर घनीभूत गायन-से।

अमित प्रभा फैला जलता था
महाज्ञान-आलोक चिरन्तन,
दीवारों पर स्वर्णांकित था,
'सत्य भ्रमर, सुन्दरता गुंजन।

प्रखर अजस्र कर्मधारा के
अन्तराल में छिप कम्पन-सी
सुन्दरता गुंजार कर रही
भावों के अन्तर्गायन-सी।

प्रेम सत्य की प्रथम प्रभा है,
जिधर अमर छवि लहराती है;
उधर सत्य की प्रभा प्रेम बन
बेसुध-सी दौड़ी जाती है।

प्रेमाकुल जब हृदय स्वयं मिट
हो जाता सुन्दरता में लय,
दर्शन देता उसे स्वयं तब
सुन्दर बनकर सत्य निरामय।'

देखा, कवि का स्वप्न मधुर था,
उमड़ी अमिय धार जीवन में;
पूर्णचन्द्र बन चमक रहे थे
'शिव-सुन्दर' 'आनन्द'-गगन में।

मानवता देवत्व हुई थी,
मिले प्राण आनन्द अमर से।
कला-तीर्थ में आज मिला था
महा सत्य भावुक सुन्दर से।

[1933 ई.]

फूँक दे जो प्राण में उत्तेजना

फूँक दे जो प्राण में उत्तेजना

फूँक दे जो प्राण में उत्तेजना,
गुण न वह इस बाँसुरी की तान में।
जो चकित करके कँपा डाले हृदय,
वह कला पायी न मैंने गान में।

जिस व्यथा से रो रहा आकाश यह
ओस के आँसू बहाकर फूल में,
ढूँढ़ती उसकी दवा मेरी कला
विश्व-वैभव की चिता की धूल में।

कूकती असहाय मेरी कल्पना
कब्र में सोये हुओं के ध्यान में,
खँडहरों में बैठ भरती सिसकियाँ
विरहिणी कविता सदा सुनसान में।

देख क्षण-क्षण मैं सहमता हूँ अरे,
व्यापिनी निस्सारता संसार की,
एक पल ठहरे जहाँ जग हो अभय,
खोज करता हूँ उसी आधार की।

परदेशी

माया के मोहक वन की क्या कहूँ कहानी परदेशी?
भय है, सुनकर हँस दोगे मेरी नादानी परदेशी!
सृजन-बीच संहार छिपा, कैसे बतलाऊँ परदेशी?
सरल कंठ से विषम राग कैसे मैं गाऊँ परदेशी?

एक बात है सत्य कि झर जाते हैं खिलकर फूल यहाँ,
जो अनुकूल वही बन जाता दुर्दिन में प्रतिकूल यहाँ।
मैत्री के शीतल कानन में छिपा कपट का शूल यहाँ,
कितने कीटों से सेवित है मानवता का मूल यहाँ।
इस उपवन की पगडंडी पर बचकर जाना परदेशी!
यहाँ मेनका की चितवन पर मत ललचाना परदेशी!

जगती में मादकता देखी, लेकिन अक्षय तत्त्व नहीं,
आकर्षण में तृप्ति और सुन्दरता में अमरत्व नहीं।
यहाँ प्रेम में मिली विकलता, जीवन में परितोष नहीं,
बाल-युवतियों के आलिंगन में पाया सन्तोष नहीं।
हमें प्रतीक्षा में न तृप्ति की मिली निशानी परदेशी!
माया के मोहक वन की क्या कहूँ कहानी परदेशी?

महाप्रलय की ओर सभी को इस मरु में चलते देखा,
किससे लिपट जुड़ता? सबको ज्वाला में जलते देखा।
अन्तिम बार चिता-दीपक में जीवन को बलते देखा;
चलते समय सिकन्दर-से विजयी को कर मलते देखा।
सबने देकर प्राण मौत की कीमत जानी परदेशी!
माया के मोहक वन की क्या कहूँ कहानी परदेशी?

रोते जग की अनित्यता पर सभी विश्व को छोड़ चले,
कुछ तो चढ़े चिता के रथ पर, कुछ कब्रों की ओर चले।
रुके न पल-भर मित्र, पुत्र माता से नाता तोड़ चले,
लैला रोती रहीं किन्तु, कितने मजनू मुँह मोड़ चले।

जीवन का मधुमय उल्लास,
औ' यौवन का हास-विलास,
रूप-राशि का यह अभिमान,
एक स्वप्न है, स्वप्न अजान।
मिटता लोचन-राग यहाँ पर,
मुरझाती सुन्दरता प्यारी,
एक-एक कर उजड़ रही है
हरी-हरी कुसुमों की क्यारी।
मैं न रुकूँगा इस भूतल पर
जीवन, यौवन, प्रेम गँवाकर;
वायु, उड़ाकर ले चल मुझको
जहाँ-कहीं इस जग से बाहर।

मरते कोमल वत्स यहाँ, बचती न जवानी परदेशी!
माया के मोहक वन की क्या कहूँ कहानी परदेशी?

[1932 ई.]

मनुष्य

कैसी रचना! कैसा विधान!
हम निखिल सृष्टि के रत्न-मुकुट,
हम चित्रकार के रुचिर चित्र,
विधि के सुन्दरतम स्वप्न, कला
की चरम सृष्टि, भावुक, पवित्र।

हम कोमल, कान्त प्रकृति-कुमार,
हम मानव, हम शोभा-निधान,
जाने किस्मत में लिखा हाय,
विधि ने क्यों दुख का उपाख्यान?
कैसी रचना! कैसा विधान!

कलियों को दी मुसकान मधुर,
कुसुमों को आजीवन सुहास,
नदियों को केवल इठलाना,
निर्झर को कम्पित स्वर-विलास।

वन-मृग को शैलतटी-विचरण,
खग-कुल को कूजन, मधुर तान,

सब हँसी-खुशी बँट गयी,
रुदन अपनी किस्मत में पड़ा आन।
कैसी रचना! कैसा विधान!

खग-मृग आनन्द-विहार करें,
तृण-तृण झूमें सुख में विभोर,
हम सुख-वंचित, चिन्तित, उदास
क्यों निशि-वासर श्रम करें घोर?

अविराम कार्य, नित चित्त-क्लान्ति,
चिन्ता का गुरु अभिराम भार,
दुर्वह मानवता हुई; कौन
कर सकता मुक्त हमें उदार?

चारों दिशि ज्वाला-सिन्धु घिरा,
धू-धू करतीं लपटें अपार,
बन्दी हम व्याकुल तड़प रहे
जाने किस प्रभुवर को पुकार?

मानवता की दुर्गति देखे,
कोई सुन ले यह आर्त्तनाद,
कोई कह दे, क्यों आन पड़ा
हम पर ही यह सारा विषाद?
उपचार कौन? रे! क्या निदान?
कैसी रचना! कैसा विधान!

[1932 ई.]

उत्तर में

तुम कहते, 'तेरी कविता में।
कहीं प्रेम का स्थान नहीं;
आँखों के आँसू मिलते हैं;
अधरों की मुसकान नहीं।'

इसके उत्तर में सखे, बता क्या
फिर मुझको रोना होगा?
बहा अश्रुजल पुनः हृदय घट
का सम्भ्रम खोना होगा?

जीवन ही है एक कहानी
घृणा और अपमानों की।
नीरस मत कहना, समाधि
है हृदय भग्न अरमानों की।

तिरस्कार की ज्वालाओं में
कैसे मोद मनाऊँ मैं?
स्नेह नहीं, गोधूलि-लग्न में
कैसे दीप जलाऊँ मैं?

खोज रहा गिरि-शृंगों पर चढ़
ऐसी किरणों की लाली,
जिनकी आभा से सहसा
झिलमिला उठे यह अँधियाली।

किन्तु, कभी क्या चिदानन्द की
अमर विभा वह पाऊँगा?
जीवन की सीमा पर भी मैं
उसे खोजता जाऊँगा।

एक स्वप्न की धुँधली रेखा
मुझे खींचती जायेगी,
बरस-बरस पथ की धूलों को
आँख सींचती जायेगी।

मुझे मिली यह अमा गहन,
चन्द्रिका कहाँ से लाऊँगा?
जो कुछ सीख रहा जीवन में,
आखिर वही सिखाऊँगा।

हँस न सका तो क्या? रोने में
भी तो है आनन्द यहाँ;
कुछ पगलों के लिए मधुर है
आँसू के ही छन्द यहाँ।

[1934 ई.]

जीवन-संगीत

कंचन थाल सजा सौरभ से ओ फूलों की रानी!
अलसायी-सी चली कहो, करने किसकी अगवानी?

वैभव का उन्माद, रूप की यह कैसी नादानी!
उषे! भूल जाना न ओस की करुणामयी कहानी।

जरा देखना गगन-गर्भ में तारों का छिप जाना;
कल जो खिले आज उन फूलों का चुपके मुरझाना।

रूप-राशि पर गर्व न करना, जीवन ही नश्वर है;
छवि के इसी शुभ्र उपवन में सर्वनाश का घर है।

सपनों का यह देश सजनि! किसका क्या यहाँ ठिकाना?
पाप-पुण्य का व्यर्थ यहाँ बुनते हम ताना-बाना।

प्रलय-वृन्त पर डोल रहा है यह जीवन दीवाना,
अरी, मौत का निःश्वासों से होगा मोल चुकाना।

सर्वनाश के अट्टहास से गूँज रहा नभ सारा;
यहाँ तरी किसकी छू सकती वह अमरत्व-किनारा?

एक-एक कर डुबो रहा नावों को प्रलय अकेला,
और इधर तट पर जुटता है वैभव-मद का मेला।

सृष्टि चाट जाने को बैठी निर्भय मौत अकेली;
जीवन की नाटिका सजनि! है जग में एक पहेली।

यहाँ देखता कौन कि यह नत-मस्तक, वह अभिमानी?
उठती एक हिलोर, डूबते पंडित औ' अज्ञानी।

यह संग्रह किसलिए? हाय, इस जग में क्या अक्षय है?
अपने क्रूर करों से छूता सब को यहाँ प्रलय है।

लो, वह देखो, वीर सिकन्दर सारी दुनिया छोड़,
दो गज जमीं ढूँढ़ने को चल पड़ा कब्र की ओर।

सोमनाथ-मन्दिर का सोना ताक रहा है राह,
ओ महमूद! कब्र से उठकर पहनो जरा सनाह!

सुनते नहीं रूस से लन्दन तक की यह ललकार?
बोनापार्ट! हिलेना में सोये क्यों पाँव पसार?

और, गाल के फूलों पर क्यों तू भूली अलबेली?
बिना बुलाये ही आती होगी वह मौत सहेली।

सुन्दरता पर गर्व न करना ओ स्वरूप की रानी!
समय-रेत पर उतर गया कितने मोती का पानी।

रन्थी-रथ से उतर चिता का देखोगी संसार,
जरा खोजना उन लपटों में इस यौवन का सार।

प्रिय-चुम्बित यह अधर और उन्नत उरोज सुकुमार सखी!
आज न तो कल श्वान-शृंगालों के होंगे आहार सखी!

दो दिन प्रिय की मधुर सेज पर कर लो प्रणय-विहार सखी!
चखना होगा तुम्हें एक दिन महाप्रलय का प्यार सखी!

जीवन में है छिपा हुआ पीड़ाओं का संसार सखी!
मिथ्या राग अलाप रहे हैं इस तन्त्री के तार सखी!

जिस दिन माँझी आयेगा ले चलने को उस पार सखी!
यह मोहक जीवन देना होगा उसको उपहार सखी!

जीवन के छोटे समुद्र में बसी प्रलय की ज्वाला,
अमिय यहीं और यहीं वह प्राण-घातिनी हाला।

इस चाँदनी बाद आयेगा यहाँ विकट अँधियाला,
यही बहुत है, छलक न पाया जो अब तक यह प्याला।

हरा-भरा रह सका यहाँ पर नहीं किसी का बाग सखी!
यहाँ सदा जलती रहती है सर्वनाश की आग सखी!

[1933 ई.]

विधवा

जीवन के शुचि शून्य सदन में
जलता है यौवन-प्रदीप; हँसता तारा एकान्त गगन में।
जीवन के शुचि शून्य सदन में।

पल्लव रहा शुष्क तरु पर हिल,
मरु में फूल चमकता झिलमिल,
ऊषा की मुस्कान नहीं, यह सन्ध्या बिहँस रही उपवन में।
जीवन के शुचि शून्य सदन में।

उजड़े घर, निर्जन खँडहर में
कंचन-थाल लिये निज कर में
रूप-आरती सजा खड़ी किस सुन्दर के स्वागत-चिन्तन में?
जीवन के शुचि शून्य सदन में।

सूखी-सी सरिता के तट पर
देवि! खड़ी सूने पनघट पर
अपने प्रिय-दर्शन अतीत की कविता बाँच रही हो मन में?
जीवन के शुचि शून्य सदन में।

नव यौवन की चिता बनाकर,
आशा-कलियों को स्वाहा कर
भग्न मनोरथ की समाधि पर तपस्विनी बैठी निर्जन में।
जीवन के शुचि शून्य सदन में।

[1931 ई.]

याचना

प्रियतम! कहूँ मैं और क्या?
शतदल, मृदुल जीवन-कुसुम में प्रिय! सुरभि बनकर बसो।
घन-तुल्य हृदयाकाश पर मृदु मन्द गति विचरो सदा।
प्रियतम! कहूँ मैं और क्या?

दृग बन्द हों तब तुम सुनहले स्वप्न बन आया करो।
अमितांशु! निद्रित प्राण में प्रसरित करो अपनी प्रभा?
प्रियतम! कहूँ मैं और क्या?

उडु-खचित नीलाकाश में ज्यों हँस रहा राकेश है,
दुःखपूर्ण जीवन-बीच त्यों जाग्रत करो अव्यय विभा।
प्रियतम! कहूँ मैं और क्या?

निर्वाण-निधि दुर्गम बड़ा, नौका लिये रहना खड़ा,
कर पार सीमा विश्व की जिस दिन कहूँ 'वन्दे, विदा।'
प्रियतम! कहूँ मैं और क्या?

[1934 ई.]

सुन्दरता और काल

बाग में खिला था कहीं अल्हड़ गुलाब एक,
गरम लहू था, अभी यौवन के दिन थे;
ताना मार हँसा एक माली के बुढ़ापे पर,
"लटक रहे हैं कब्र-बीच पाँव इसके।"

चैत की हवा में खूब खिलता गया गुलाब,
बाकी रहा कहीं भी कसाव नहीं तन में।
माली को निहार बोला फिर यों गरूर में कि
"अब तो तुम्हारा वक्त और भी करीब है।"

मगर, हुआ जो भोर, वायु लगते ही टूट
बिखर गयीं समस्त पत्तियाँ गुलाब की।
दिन चढ़ने के बाद माली की नजर पड़ी,
एक ओर फेंका उन्हें उसने बुहार के।

मैंने एक कविता बना दी तथ्य बात सोच,
सुषमा गुलाब है, कराल काल माली है।*

* डाव्सन-कृत एक अँगरेजी कविता से।

समाधि के प्रदीप से

तुम जीवन की क्षण-भंगुरता के सकरुण आख्यान!
तुम विषाद की ज्योति! नियति की व्यंग्यमयी मुसकान!
अरे विश्व-वैभव के अभिनय के तुम उपसंहार!
मन-ही-मन इस प्रलय-सेज पर गाते हो क्या गान?

तुम्हारी इस उदास लौ-बीच
मौन रोता किसका इतिहास?
कौन छिप क्षीण शिखा में दीप!
सृष्टि का करता है उपहास?

इस धूमिल एकान्त प्रान्त में नभ से बारम्बार
पूछ-पूछ कर कौन खोजता है जीवन का सार?
और कौन यह क्षीण-ज्योति बन कहता है चुपचाप—
'अरे! कहूँ क्या? अबुध सृष्टि का एक अर्थ संहार।'

दीप! यह भूमि-गर्भ गम्भीर
बना है किस विरही का धाम?
तुम्हारी सेज-तले दिन-रात
कौन करता अनन्त विश्राम?

कौन निठुर, रोती माँ की गोदी का छोड़ दुलार,
इस समाधि के प्रलय-भवन में करता स्वप्न-विहार?
अरे, यहाँ किस शाहजहाँ की सोती है मुमताज?
यहाँ छिपी किस जहाँगीर की नूरजहाँ सुकुमार?

हाय रे? परिवर्तन विकराल,
सुनहरी मदिरा है वह कहाँ?
मुहब्बत की वे आँखें चार?
सिहरता, शरमीला चुम्बन,
कहाँ वह सोने का संसार?

कहाँ मखमली हरम में आज
मधुर उठती संगीत-हिलोर?
शाह की पृथुल जाँघ पर कहाँ
सुन्दरी सोती अलस-विभोर?

झाँकता उस बिहिश्त में कहाँ
खिड़कियों से लुक-छिप महताब?
इन्द्रपुर का वह वैभव कहाँ?
कहाँ जिस्मे-गुल, कहाँ शराब?

कहाँ नवाबी महलों का वह स्वर्गिक विभव-वितान?
(नश्वर जग में अमर-पुरी की ऊषा की मुसकान।)
सुन्दरियों के बीच शहजादों का रूप-विलास,
अरे कहाँ गुल-बदन और गुल से हँसता उद्यान?

कितने शाह, नवाब जमीं में समा चुके, हैं याद?
शरण खोजते आये कितने रुस्तम औ' सोहराब?
कितनी लैला के मजनू औ' शीरीं के फरहाद,
मर कर कितने जहाँगीर ने किया इसे आबाद?

अपनी प्रेयसि के कर से पाने को दीपक-दान
इस खँडहर की ओर किया किन-किन ने है प्रस्थान?
औ' कितने याकूब यहाँ पर ढूँढ़ चुके निर्वाण?
तुम्हें याद है अरी, नियति की व्यंग्यमयी मुसकान!

हँसते हो, हाँ हँसो, अश्रुमय है जीवन का हास,
यहाँ श्वास की गति में गाता झूम-झूमकर नाश।
क्या है विश्व? विनश्वरता का एक चिरन्तन राग,
हँसो, हँसो, जीवन की क्षण-भंगुरता के इतिहास!

न खिलता उपवन में सुकुमार
सुमन कोई अक्षय छविमान,
क्षणिक निशि का हीरक-शृंगार,
उषा की क्षण-भंगुर मुसकान।

हास का अश्रु-साथ विनिमय,
यही है जग का परिवर्तन,
मिलन से मिलता यहाँ वियोग,
मृत्यु की कीमत है जीवन।

कभी चाँदनी में कुंजों की छाया में चुपचाप
जिस 'अनार' को गोद बिठा करते थे प्रेमालाप;

आज उसी गुल की समाधि को देकर दीपक-दान
व्यथित 'सलीम' लिपट ईंटों से रोते बाल-समान।
यही शाप मधुमय जीवन पाने का है परिणाम,
हँसो, हँसो, हाँ हँसो, नियति की व्यंग्यमयी मुसकान?

[1931 ई.]

वैभव की समाधि पर

हँस उठी कनक-प्रान्तर में जिस दिन फूलों की रानी,
तृण पर मैं तुहिन-कणों की पढ़ता था करुण कहानी।

थी बाट पूछती कोयल ऋतुपति के कुसुम-नगर की,
कोई सुधि दिला रहा था तब कलियों को पतझर की।

प्रिय से लिपटी सोई थी तू भूल सकल सुधि तन की,
तब मौत साँस में गिनती थी घड़ियाँ मधु-जीवन की।

जब तक न समझ पायी तू मादकता इस मधुवन की,
उड़ गयी अचानक तन से कर्पूर, सुरभि यौवन की।

वैभव की मुसकानों में थी छिपी प्रलय की रेखा,
जीवन के मधु-अभिनय में बस, इतना ही भर देखा।

निर्भय विनाश हँसता था सुख-सुषमा के कण-कण में,
फूलों की लूट मची थी माली-सम्मुख उपवन में।

माताएँ अति ममता से अंचल में दीप छिपाती
थीं घूम रही आँगन में अपने सुख पर इतराती।

उस ओर गोद से छिनकर फूलों का शव जाता था,
पर, राजदूत आँसू पर कुछ तरस नहीं खाता था।

धुल रही कहीं बालाओं के नव सुहाग की लाली,
थी सूख रही असमय ही कितने तरुओं की डाली।

मैं ढूँढ़ रहा था आकुल जीवन का कोना-कोना,
पाया न कहीं कुछ, केवल किस्मत में देखा रोना।

कलिका से भी कोमल पद हो गये वन्य-मगचारी,
थे माँग रहे मुकुटों में भिक्षा नृप बने भिखारी।

उन्नत शिर विभव-भवन के चूमते आज धूलों को,
खो रही सैकतों में सरि, तज चली सुरभि फूलों को।

है भरा समय-सागर में जग की आँखों का पानी,
अंकित है इन लहरों पर कितनों की करुण कहानी।

बीते वैभव के कितने सपने इसमें उतराते,
जाने, इसके गह्वर में कितने निज राग गुँजाते।

अरमानों के ईंधन में ध्वंसक ज्वाला सुलगा कर
कितनों ने खेल किया है यौवन की चिता बनाकर।

दो गज झीनी कफनी में जीवन की प्यास समेटे
सो रहे कब्र में कितने तनु से इतिहास लपेटे।

कितने उत्सव-मन्दिर पर जम गयी घास औ' काई,
रजनी भर जहाँ बजाते झींगुर अपनी शहनाई।

यह नियति-गोद में देखो, मोगल-गरिमा सोती है,
यमुना-कछार पर बैठी विधवा दिल्ली रोती है।

खो गये कहाँ भारत के सपने वे प्यारे-प्यारे?
किस गगनांगण में डूबे वह चन्द्र और वे तारे?

जयदीप्ति कहाँ अकबर के उस न्याय-मुकुट मणिमय की?
छिप गयी झलक किस तम में मेरे उस स्वर्ण-उदय की?

वह मादक हँसी विभव की मुरझायी किस अंचल में?
यमुने! अलका वह मेरी डूबी क्या तेरे जल में?

मेरा अतीत वीराना भटका फिरता खँडहर में
भय उसे आज लगता है आते अपने ही घर में।

बिजली की चमक-दमक से अतिशय घबराकर मन में,
वह जला रहा टिमटिम-सा दीपक झंखाड़ विजन में।

दिल्ली! सुहाग की तेरे बस, है यह शेष निशानी।
रो-रो, पतझर की कोयल, उजड़ी दुनिया की रानी।

कह, कहाँ सुनहले दिन वे? चाँदी-सी चकमक रातें?
कुंजों की आँखमिचौनी? हैं कहाँ रसीली बातें?

साकी की मस्त उँगलियाँ? अलसित आँखें मतवाली?
कम्पित, शरमीला चुम्बन? है कहाँ सुरा की प्याली?

गूँजतीं कहाँ कक्षों में कड़ियाँ अब मधु गायन की?
प्रिय से अब कहाँ लिपटती तरुणी प्यासी चुम्बन की?

झाँकता कहाँ उस सुख को लुक-छिप विधु वातायन से?
फिर घन में छिप जाता है मादकता चुरा अयन से!

वे घनीभूत गायन-से अब महल कहाँ सोते हैं?
वे सपने अमर कला के किस खँडहर में रोते हैं?

वह हरम कहाँ मुगलों की? छवियों की वह फुलवारी?
है कहाँ विश्व का सपना, वह नूरजहाँ सुकुमारी?

स्वप्निल विभूति जगती की, हँसता यह ताजमहल है।
चिन्तित मुमताज-विरह में रोता यमुना का जल है।

ठुकरा सुख राजमहल का, तज मुकुट विभव-जल सींचे,
वह, शाहजहाँ सोते हैं अपनी समाधि के नीचे।

कैसे श्मशान में हँसता रे, ताजमहल अभिमानी?
दम्पती की इस बिछुड़न पर आता न आँख में पानी?

तू खिसक, भार से अपने ताज को मुक्त होने दे,
प्रिय की समाधि पर गिरकर पल भर उसको रोने दे।

किस-किसके हित में रोऊँ? पूजूँ किसको दृग-जल से?
सबको समाधि ही प्यारी लगती है यहाँ महल से।

तज कुसुम-सेज, निज प्रिय का परिरम्भण-पाश छुड़ाकर
कुछ सुन्दरियाँ सोयी हैं वह, उधर कब्र में जाकर।

जिसपर झारी-झुरमुट में खरगोश खुरच बिल करते,
निशि-भर उलूक गाते औ' झींगुर अपना स्वर भरते।

चुपके गम्भीर निशा में दुनिया जब सो जाती है,
तब चन्द्र-किरण मलयानिल को साथ लिये आती है।

कहती, "सुन्दरि! इस भू पर फिर एक बार तो आओ,
नीरस जग के कण-कण में माधुरी-स्रोत सरसाओ।"

तब कब्रों के नीचे से कोई स्वर यों कहता है,
"चन्द्रिके! कहाँ आयी हो? क्यों अनिल यहाँ बहता है?

"वैभव-मदिरा पी-पीकर हो गयी बिसुध मतवाली,
तो भी न कभी भर पायी जीवन की छोटी प्याली।

"इस तम में निज को खोकर मैं उसको भर पायी हूँ,
छेड़ती मुझे क्यों अब तू? तेरा क्या ले आयी हूँ?"

उस ओर, जहाँ निर्जन में कब्रों का बसा नगर है;
ढह एक राजगृह सुन्दर बन गया शून्य खँडहर है।

उस भग्न महल के उर में विधवा-सी सुषमा बसती,
टूटे-फूटे अंगों में सन्ध्या-सी कला बिहँसती।

पावस ने उसे लगा दी विधवा-चन्दन-सी काई।
जम गये कहीं वट, पीपल, कुछ घास कहीं उग आयी।

नीरव निशि में विधु आकर किरणों से उसे नहाता;
प्रेयसि-समाधि पर चुपके प्रेमी ज्यों अश्रु बहाता।

उस क्षण, उसके आनन पर सुषमा सजीव खिल आती;
उर की कृतज्ञता आँसू बन दूबों पर छा जाती।

मूर्च्छित स्वर एक विजन से उठ टकराता अम्बर में,
गूँजता एक क्रन्दन-सा झंखाड़ शून्य खँडहर में।

जो कह जाता, "छवि पर मत भूलो जीवन नश्वर है,
वैभव के ही उपवन में उस सर्वनाश का घर है।"

तृण पर जब ओस-कणों को ऊषा रँगने आती है,
सुख, सौरभ, श्री, सोने से जगती जब भर जाती है;

वृद्धा तब एक यहाँ तक आती कुटीर से चल के
जिसके सम्मुख बीते हैं स्वर्णिम दिन भग्न महल के।

अपलक उदास आँखों से विस्मित भूली अपने को,
खोजती भग्न खँडहर में वह गत वैभव-सपने को।

सोचती, "राज-सिंहासन उस ऊँचे टीले पर था,
उस ताल-निकट हय-गज थे, रानी का महल उधर था।

"थीं सिंह-द्वार हो आतीं सेनाएँ विजय-समर से,
उत्सव करने उस थल पर आते थे लोग नगर से।"

तूफान एक उठ जाता इतने में उसके मन में,
वह मन-ही-मन रोती है, छा जाते अश्रु नयन में।

क्या कहूँ, शून्य निशि रोती सुन कितनी करुण पुकारें;
संस्मृति ले सिसक रही हैं कितनी सुनसान मजारें?

जगती की दीन दशा पर रोते निशीथ में तारे,
सिसका फिरता सूने में मलयानिल सरित-किनारे।

रोता भावुक मन मेरा, कैसे इसको बहलाऊँ?
पृथिवी श्मशान है सारी, तज इसे कहाँ मैं जाऊँ?

है भरा विश्व-नयनों में उन्माद प्रलय-आसव का,
पद-पद पर इस मरघट में सोता कंकाल विभव का।

यह नालन्दा-खँडहर में सो रहा मगध बलशाली।
लिच्छवियों की तुरबत पर वह कूक रही वैशाली।

ढूँढ़ते चिह्न गौतम के, मन-ही-मन कुछ अकुलाती,
वन, विपिन, गाँव, नगरों से गंगा है बहती जाती।

कण-कण में सुप्त विभव है, कैसे मैं छेड़ जगाऊँ?
बीते युग के गायन को अब किसके स्वर में गाऊँ?

लेखनी! धीर धर मन में, अब ये आवाहन ठहरें।
उठती ही इस सागर में रहतीं सुख-दुःख की लहरें।

युग-युग होता जायेगा अभिनय यह हास-रुदन का,
कुछ मिट्टी से ही होगा नित मोल मधुर जीवन का।

रज-क़ण में गिरि लोटेंगे, सूखेंगी झिलमिल नदियाँ।
सदियों के महाप्रलय पर रोती जायेंगी सदियाँ।

मैं स्वयं चिता-रथ पर चढ़ निज देश चला जाऊँगा।
सपनों की इस नगरी में जाने फिर कब आऊँगा?

तब कुशल पूछता मेरी कोई राही आयेगा,
नभ की नीरव वाणी में यह उत्तर सुन पायेगा :

"मैंने देखा उस अलि को कविता पर नित मँडराते,
वैभव के कंकालों को लखकर अवाक् रह जाते।

"आजीवन वह विस्मित था लख जग पर छाँह प्रलय की,
था बाट जोहता निशि-दिन भू पर अमरत्व-उदय की।

"पर, स्वयं एक दिन वह भी हो गया विलीन अनल में,
वह अब सुख से सोता है प्रभु के शाश्वत अंचल में।"

सुन इसे सिहर जायेगा पल भर उस राही का मन,
ताकेगा वह ज्यों नभ को, छलकेंगे त्यों आँसू-कण।

[1934 ई.]